INSTRUCTION

PROVISOIRE

ARRÊTÉE PAR LE ROI,

Concernant l'Exercice & les Manœuvres des TROUPES À .CHEVAL.

Du 20 Mai 1788.

A PARIS,

DE L'IMPRIMERIE ROYALE.

M. DCCLXXXVIII.

TABLE

DES

TITRES ET ARTICLES

Contenus dans cette Inſtruction.

TITRE III.

TITRE IV.

TITRE IV.

TITRE VIII.

TITRE IX.

F I N de la Table.

INSTRUCTION

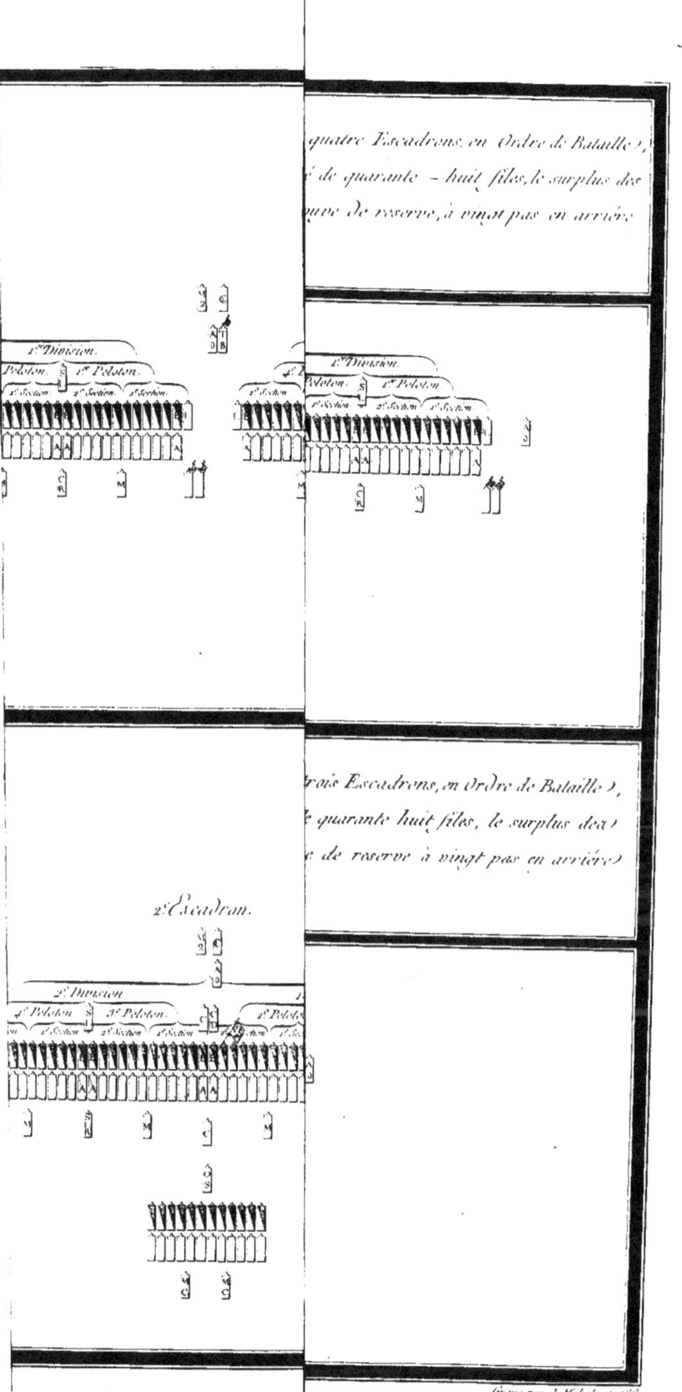
quatre Escadrons, en Ordre de Bataille,
de quarante - huit files, le surplus des
que de reserve, à vingt pas en arrière
1.re Division.
Peloton. 1.er Peloton.
1.re Division.
Peloton. 1.er Peloton.
trois Escadrons, en Ordre de Bataille,
quarante huit files, le surplus des
de reserve à vingt pas en arrière
2.e Escadron.
2.e Division
4.e Peloton. 3.e Peloton. 1.er Peloton.

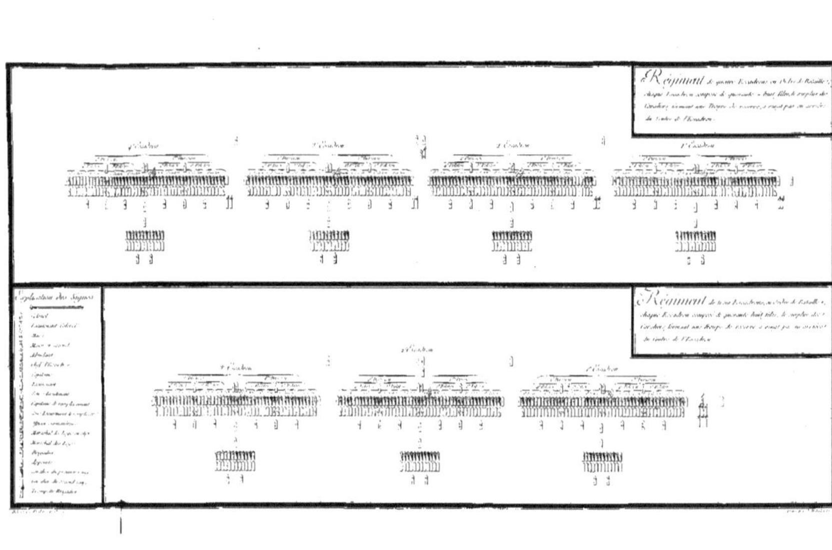

Régiment
Explication des Signaux

INSTRUCTION

PROVISOIRE

ARRÊTÉE PAR LE ROI,

Concernant l'Exercice & les Manœuvres des Troupes à cheval.

Du 20 Mai 1788.

DE PAR LE ROI.

SA MAJESTÉ ayant reconnu, d'après les observations qui ont été mises sous ses yeux par le Conseil de la guerre;

Que depuis la dernière Ordonnance qu'Elle a rendue, concernant l'exercice & les manœuvres des Troupes à cheval, les connoissances acquises par la réflexion & par l'expérience, ont démontré la nécessité d'ajouter aux anciens principes de meilleurs moyens d'exécution, de n'abandonner aucun détail à l'incertitude & à l'arbitraire, & de refondre toute l'Ordonnance en une forme plus méthodique & plus motivée, qui remplisse à la fois le double objet de perfectionner l'école du Cavalier, & d'étendre les vues de l'Officier.

Elle a fait en conséquence dresser la présente Instruction, son intention étant qu'elle soit exécutée provisoirement cette année, pour être encore perfectionnée, s'il y a lieu, d'après les observations qui seront faites ou recueillies par les Commandans de ses provinces & par ceux des divisions, & recevoir ensuite la sanction définitive de **Sa Majesté**, dans le Code général, dont Elle a ordonné la rédaction.

TITRE PREMIER.
De la formation du Régiment en ordre de bataille.

QUELLE que soit la place d'une brigade dans l'ordre de bataille, le plus ancien des deux régimens dont elle, sera formée, occupera la droite, & le moins ancien se placera à la gauche.

Les escadrons d'un même régiment seront désignés par les noms de *premier, second, troisième, &c.* en commençant par la droite.

Cet ordre des régimens dans la brigade, & des escadrons dans les régimens, sera l'ordre primitif & habituel.

Les deux compagnies qui composent chaque escadron formeront chacune une division, & ces divisions seront désignées par les noms de *première* pour celle de la droite, & de *seconde* pour celle de la gauche.

Chaque division sera partagée en deux pelotons, appelés *premier* & *second* dans la division de droite, & *troisième* & *quatrième* dans la division de gauche.

L'ordre des escadrons dans les régimens, & des divisions dans les escadrons, une fois établi, ne variera jamais, quelle que soit l'ancienneté des Chefs d'escadrons & des Capitaines qui les commanderont.

Chaque peloton fera partagé en deux fections ; celle de la droite de chaque peloton, s'appellera *la première*, celle de la gauche *la feconde*.

La formation à pied comme à cheval, fera toujours fur deux rangs ; la place des Cavaliers, dans les rangs, fera réglée dans chaque divifion, tous les ans au 1.er Mai, de la manière fuivante :

On choifira les Cavaliers les plus grands, les plus intelligens, les mieux à cheval, pour compofer le premier rang, & ces Cavaliers feront montés fur les chevaux les plus élevés & les plus fages.

On répartira les Cavaliers montés, de manière que le rang de taille, dans les deux rangs, foit obfervé de la droite à la gauche dans les premières divifions de chaque efcadron, & de la gauche à la droite dans les fecondes.

. Les Brigadiers de chaque divifion feront répartis par rang de taille, & placés dans le premier rang, à la droite & à la gauche des pelotons.

· Les Appointés de chaque divifion, feront de même répartis par rang de taille, & placés dans le fecond rang, à la droite & à la gauche des pelotons.

On obfervera de mettre fur les ailes des pelotons, les chevaux les plus froids & les plus formés aux manœuvres.

. La formation prefcrite ci - deffus pour les rangs à cheval, fera la même à pied, fans que, fous aucun prétexte, elle puiffe être changée.

Les contrôles de l'ordre de bataille, feront dreffés en conféquence toutes les années au 1.er Mai ; les changemens indifpenfables qui arriveront dans le courant de l'année, n'auront jamais lieu que dans l'intérieur du peloton, & pour remplacer les hommes & les chevaux qui viendront à y manquer.

L'efcadron fera formé fur deux rangs, & la diftance d'un rang à l'autre, fera de deux pieds, comptés de la tête des chevaux du deuxième rang, à la croupe des chevaux du premier.

4

Lorſque l'eſcadron devra exercer, il ſera habituélle-ment de quarante-huit files, par conſéquent, chaque diviſion ſera compoſée de vingt-quatre files, & chaque peloton de douze files.

Les Cavaliers de chaque diviſion qui excéderont le nombre de files fixé ci-deſſus pour l'eſcadron, for-meront une troupe de réſerve, qui ſera placée à vingt pas en arrière du centre de l'eſcadron.

On choiſira, pour compoſer cette troupe, les Cava-liers les plus leſtes, & les chevaux les plus légers & les moins élevés.

Lorſqu'on voudra augmenter le front des eſcadrons, le Commandant du régiment fera répartir la totalité ou une portion des Cavaliers de la troupe de réſerve en nombre égal, dans chaque peloton.

Places des Officiers & bas Officiers dans chaque Eſcadron.

Le Chef d'eſcadron n'aura point de place fixe. Lorſ-qu'il devra ou voudra ſe mettre à la tête de ſon eſcadron, il ſe placera à la droite du Capitaine de la première diviſion.

Les autres Officiers de l'eſcadron feront placés ainſi qu'il ſuit :

Le Capitaine de la première diviſion en avant du centre de l'eſcadron, la croupe de ſon cheval à un pas ou deux pieds du premier rang.

Le Capitaine de la ſeconde diviſion en ſerre-file, la tête de ſon cheval à trois pas derrière le centre de l'eſ-cadron.

Le Capitaine de remplacement à un pas derrière le centre de la première diviſion de l'eſcadron.

Le Lieutenant de la première diviſion, à la droite du premier rang de l'eſcadron.

Le Lieutenant de la ſeconde diviſion, à la gauche du premier rang.

L'Officier ſurnuméraire à un pas en avant du centre du premier rang de la troupe de réſerve de l'eſcadron.

Le

Le Sous-lieutenant de chaque divifion en avant du centre de la divifion à laquelle il eft attaché ; la croupe de fon cheval à un pas du premier rang, fur l'alignement du Capitaine de la première divifion.

Le Sous-lieutenant de remplacement en ferre-file, à un pas en arrière du centre de la feconde divifion.

Le Porte-étendard au premier rang, à l'avant-dernière file de gauche de la première divifion de l'efcadron, & faifant nombre dans le peloton.

Les deux Maréchaux-des-logis de chaque divifion en ferre-file derrière le centre de chaque peloton de leur divifion, à un pas de diftance de la croupe des chevaux du fecond rang.

Les Maréchaux-des-logis en chef feront placés en ferre-file à la troupe de réferve de leur efcadron, & pourront être employés ainfi que le Commandant du régiment le jugera à propos.

Les deux Trompettes à la droite de l'efcadron, fur l'alignement des ferre-files.

Tous les Trompettes du régiment feront réunis fur deux rangs, à la droite du premier efcadron, lorfque le Commandant le jugera à propos.

En cas d'abfence du Chef d'efcadron, il fera remplacé par le Capitaine le plus ancien de l'efcadron ; celui-ci par un Capitaine de remplacement, finon par le Lieutenant de fa divifion, & ainfi de fuite, de grade en grade dans chaque divifion ; il en fera de même, en cas d'abfence des Lieutenans & Sous-lieutenans ; mais les Maréchaux-des-logis ne feront remplacés en ferre-files que lorfque le Commandant du régiment le jugera néceffaire.

Lorfqu'un des Porte-étendards fera abfent, il fera remplacé par un des Maréchaux-des-logis en chef de l'efcadron où il manquera.

Places des Officiers fupérieurs.

Le Colonel en avant du centre du régiment à douze pas du premier rang, ayant à fa gauche le Major en fecond, & derrière lui un Adjudant & un Trompette.

Le Lieutenant-colonel vis-à-vis l'intervalle du premier au fecond efcadron, à douze pas en avant du premier rang.

Le Major fur l'alignement du Lieutenant - colonel, vis-à-vis l'intervalle qui fépare les deux derniers efcadrons du régiment.

Le Colonel fe portera par - tout où fa préfence fera néceffaire ; le Major en fecond par - tout où le Colonel jugera à propos de l'employer ; le Lieutenant - colonel & le Major fe porteront dans l'étendue du front du régiment & dans la direction des mouvemens, par-tout où la furveillance de la manœuvre l'exigera.

L'intervalle ordinaire entre les efcadrons, fera de neuf pas comptés, depuis le Brigadier de l'aile gauche d'un efcadron jufqu'au Brigadier de l'aile droite de l'efcadron qui eft à fa gauche. L'intervalle fera le même d'un régiment à l'autre, & il ne fera augmenté que dans le cas où on voudroit occuper une plus grande étendue de terrein.

TITRE II.

De l'École du Cavalier.

ARTICLE PREMIER.

Inftruction à pied.

LES premiers principes de la pofition & de la marche feront toujours donnés homme par homme, ou au plus à deux Cavaliers à la fois, felon le nombre de recrues à dreffer, & celui des Inftructeurs qu'on pourra y employer.

Le ton de commandement fera toujours animé , & d'une étendue de voix proportionnée au nombre d'hommes qu'on exercera.

Il y aura deux fortes de tons de commandement; le commandement d'avertiffement fera prononcé diftinctement dans le haut de la voix, en alongeant un peu la dernière syllabe ; le commandement d'exécution sera ferme & bref.

Les commandemens d'avertissement seront distingués dans l'Ordonnance par des lettres italiques, & ceux d'exécution par des majuscules.

Les commandemens dont l'énonciation sera séparée par des tirets, seront coupés de même en les prononçant.

Les Instructeurs exécuteront toujours ce qu'ils commanderont, afin de donner ainsi l'exemple en même temps qu'ils expliqueront le principe. Ils s'attacheront à accoutumer l'homme de recrue à prendre de lui-même la position qu'ils lui auront indiquée & démontrée, & ils ne le toucheront, soit pour lui donner cette position, soit pour le rectifier, que lorsque son défaut d'intelligence les y obligera.

Ils expliqueront toujours ce qu'ils enseigneront en peu de paroles claires & précises.

PREMIÈRE LEÇON.

Position du Cavalier.

LES talons sur la même ligne, autant que le permettra la conformation de l'homme, les pieds un peu moins *Voy.* Pl. II, ouverts que l'équerre, les genoux tendus sans les roidir, *Figure* I. le corps d'à-plomb sur les hanches, & un peu penché en avant, les épaules effacées & également tombantes ; les coudes près du corps, la paume de la main tournée un peu en dehors, le petit doigt le long de la couture de la culotte ; la tête droite sans être gênée ; le menton rapproché du cou, sans le couvrir, les yeux fixés droit devant eux.

Quand on réunira deux hommes de recrue pour les dresser en même temps, on les mettra sur un rang, à la distance de deux pieds l'un de l'autre.

Lorsqu'on voudra faire passer le Cavalier de l'état de repos à celui d'attention, on lui commandera : *Garde à vous.*

A ce commandement, il fixera fon attention & prendra la pofition prefcrite, ainfi que l'immobilité, qu'il ne ceffera de garder qu'au commandement , *Repos.*

Note générale.

LES obfervations fuivantes & toutes celles qui feront inférées dans l'Ordonnance, renfermant la démonftration & l'utilité des principes établis, les Inftructeurs ne pourront trop s'attacher à les étudier & à en faire l'application.

Obfervations relatives à la Pofition.

1.° *Les talons fur la même ligne,*

Parce que s'il y en avoit un plus reculé que l'autre, l'épaule du même côté feroit en arrière.

2.° *Le haut du corps un peu penché en avant,*

Parce que les hommes de recrue prennent ordinairement le défaut contraire; quand on leur dit de fe tenir droits, ils creufent les reins, avancent le ventre & renverfent les épaules ; ce vice de pofition eft effentiel à prévenir & à détruire, parce qu'il met l'homme hors de fon équilibre naturel.

Pour s'affurer fi un Cavalier a le haut du corps bien placé, il faut lui appuyer le doigt contre la poitrine ; fi la pofition eft bonne, il réfiftera à la preffion.

3.° *Les épaules effacées,*

Parce que la plupart des payfans & des journaliers ont le dos voûté & les épaules en avant. Il faut obferver foigneufement, en faifant effacer les épaules, de ne pas les jeter trop en arrière, ce qui feroit creufer les reins.

Il faut avoir attention auffi que les épaules foient également tombantes.

Tête à droite, Tête à gauche, Tête directe.

Au commandement , *Tête* $=$ à DROITE.

TOURNER la tête doucement à droite, de manière que le coin de l'œil gauche, du côté du nez, réponde à la ligne des boutons de la vefte, les yeux fixés fur la ligne des yeux des Cavaliers du même rang.

Au

Au commandement, *Tête = à gauche.*

Tourner la tête doucement à gauche, de manière que le coin de l'œil droit du côté du nez, réponde à la direction des boutons de la veste.

Au commandement, *Tête = directe.*

Replacer doucement la tête à sa position.

On finira toujours par replacer la tête à la position directe, qui sera la position habituelle du Cavalier.

Observations relatives aux mouvemens de Tête à droite, Tête à gauche, Tête directe.

LES Cavaliers ne devant tourner la tête que pour s'aligner de pied-ferme, & dans les mouvemens de conversion, il est essentiel de les habituer à ne la tourner que fort peu.

L'ordre dépendant absolument du calme & de la tranquillité, on ne sauroit assez les recommander aux Cavaliers sous les armes, ni assez les accoutumer à exécuter tout ce qui leur est prescrit, sans aucune précipitation, à moins qu'il ne leur soit commandé d'accélérer les mouvemens.

À droite. À gauche. Demi-tour à droite.

1.

Par le flanc droit.

2.

À DROITE.

Un Temps.

Tourner sur le talon gauche, élevant un peu la pointe du pied gauche ; rapprocher en même temps le talon droit à côté du gauche & sur le même alignement.

1.

Par le flanc gauche.

2.

À GAUCHE.

Un Temps.

Tourner sur le talon gauche, rapprocher le talon droit à côté du gauche & sur le même alignement.

Cavalerie.   C

Demi - tour à droite.

Deux Temps.

PREMIER. Faire un demi à droite, porter le pied droit en arrière le talon droit à trois pouces du gauche; le cou-de-pied droit vis-à-vis le talon gauche, faifir en même temps le porte-cartouche par le coin avec la main droite.

SECOND. Tourner fur les deux talons, les jarrets tendus, en élevant un peu la pointe des pieds, rapprocher le pied droit à côté du gauche, fur le même alignement, & lâcher le porte-cartouche.

Obſervation relative aux à droite, aux à gauche & aux demi-tours à droite.

ON obfervera que ces mouvemens ne dérangent pas la pofition du haut du corps qui doit refter légèrement incliné en avant.

SECONDE LEÇON.

Du Pas ordinaire, & du Port d'arme.

Du Pas ordinaire.

LE pas doit être de deux pieds, à compter d'un talon à l'autre, & de foixante-feize à la minute.

Les Cavaliers feront placés comme il eft dit à la première leçon, fur un rang, à la diftance de deux pieds l'un de l'autre.

Principes du Pas ordinaire.

On commandera,

1.

En = avant.

2.

MARCHE.

Au premier commandement, porter le poids du corps fur la jambe droite.

Au fecond commandement, porter le pied gauche en avant vivement & fans fecouſſe jufqu'au-deſſus de la place où il doit pofer à terre, le jarret tendu, la pointe

du pied un peu baiffée & légèrement tournée en dehors;
marquer dans cette pofition un petit temps d'arrêt, pofer
le pied précifément à la place où le temps d'arrêt a été
marqué, afin de ne pas prolonger le pas d'un fecond
mouvement, ni de ne pas le raccourcir, ce qui arriveroit
fi le corps étoit en arrière; avoir attention que tout le
poids du corps porte fur le pied qui pofe à terre; paffer
fans retard la jambe droite en avant, en pliant le genou
le moins qu'il eft poffible; le pied doit paffer près de
la terre fans la toucher, il faut le pofer doucement fans
frapper; continuer de marcher, le jarret tendu, fans que
les jambes fe croifent, & la tête toujours directe, fans que
les épaules tournent; ne point exiger des Cavaliers qu'on
commence à dreffer, de s'occuper de l'alignement.

Au commandement *halte*, rapprocher le pied qui eft
en arrière à côté de l'autre, fans frapper.

Il faut commander *halte* un inftant avant que le pied
pofe à terre, & faire précéder ce commandement de
celui de *peloton*.

Obfervations relatives aux principes du Pas ordinaire.

1.° *Le haut du corps en avant.*

'Afin que le poids du corps porte fur le pied qui eft à
terre, que celui qui eft derrière puiffe fe lever aifément,
& que le pas ne foit pas raccourci.

2.° *Obferver que les Recrues confervent en marchant la
pofition qu'on leur a donnée.*

Parce que la tête directe empêche que les épaules
ne tournent.

3.° *Placer les Recrues à deux pieds l'un de l'autre.*

Parce que, s'ils étoient joints coude à coude, ils
contracteroient la mauvaife habitude de les écarter &
de s'appuyer fur ceux qui font à côté d'eux.

4.° Lorfque les Cavaliers commencent à former le
pas, il eft bon de faire marcher devant eux un homme
bien dreffé, pour régler la longueur du pas, & leur
donner le tact de la cadence.

Pour juger fi le pas s'exécute bien, l'Inftructeur doit

le placer à dix ou douze pas en avant des Cavaliers qui marchent. Si en leur faifant face, il obferve qu'ils marchent bien droit devant eux, & qu'il ne voie pas la femelle des fouliers lorfqu'ils lèvent & pofent les pieds, il fera affuré que le pas fe fait fur de bons principes.

Du Port d'Arme.

Lorfque les Cavaliers commenceront à bien marcher le pas ordinaire, on leur apprendra à porter l'arme.

Principes du Port d'Arme.

Voyez PL. II, *Fig. 2.*

Le moufqueton dans le bras droit, & au défaut de l'épaule, le canon en arrière, & à plomb, la baguette en dehors, le bras alongé, la main droite embraffant la platine, le pouce au-deffus de la fou-garde, le premier doigt deffous, & les trois autres derrière le chien ; la contre-platine fur la couture de la culotte, le talon de la croffe environ deux pouces en avant de la pointe du genou, la main gauche pendante fur le côté par-deffus le fabre.

Attentions que doit avoir l'Inftructeur lorfque les Cavaliers marchent en portant l'arme.

LES Cavaliers placés à deux pas l'un de l'autre, fur un rang, l'Inftructeur les fera marcher au pas ordinaire, & veillera à ce qu'ils confervent la régularité du port d'armes.

Les Cavaliers de recrue font fujets à porter le corps en arrière; le poids de l'arme leur fait baiffer l'épaule droite, ils écartent le coude droit & le bras gauche pour reprendre leur équilibre qui eft dérangé par le poids du moufqueton ; il faut ne leur paffer aucun de ces défauts, rectifier continuellement leur pofition, en leur ôtant quelquefois le moufqueton, pour les replacer, & pour ne pas les trop fatiguer dans les commencemens.

Les Cavaliers étant parvenus à ce point, on les mettra

fur

fur un rang, à côté les uns des autres, coude contre coude, on leur commandera :

1.

En avant.

2.

Guide à droite ou *guide à gauche.*

3.

MARCHE.

Au premier commandement, le Cavalier relèvera la poignée du fabre, en le faififfant de la main gauche au-deffous de l'extrémité inférieure du ceinturon, de manière que la lame foit contenue bien perpendiculaire.

Nota. Ce mouvement s'exécutera au commandement d'avertiffement, toutes les fois qu'une Troupe devra marcher.

Le fecond commandement fervira à indiquer le côté auquel les Cavaliers doivent tenir.

Au troifième commandement, les Cavaliers marcheront en avant. On les exercera à marcher en tenant légèrement à leurs voifins du côté du guide, & à fentir l'alignement par le coude, du même côté, fans écarter le coude droit ni le bras gauche, à céder fans fecouffe à la preffion du côté du guide : & fi le Cavalier de ce côté s'éloigne, à ne joindre qu'infenfiblement fon coude.

Ces attentions font importantes pour empêcher tout flottement dans la marche; de quelque côté que le guide foit indiqué, les Cavaliers conferveront toujours la tête directe, & marcheront les yeux fixés à douze ou quinze pas en avant d'eux, pour que rien ne détourne leur attention.

Dans les demi-tours à droite, on preferira aux Cavaliers d'empoigner le fabre de la main gauche au premier temps, comme il vient d'être preferit pour marcher.

TROISIÈME LEÇON.

Du maniement des armes.

LE maniement des armes fera montré à deux Cavaliers

d'abord placés en rang, enfuite en file. L'exécution des commandemens fera divifée en temps, & ces temps feront divifés en mouvemens, pour montrer aux Cavaliers le mécanifme de chaque temps.

La dernière fyllabe du commandement décidera l'exécution vive du premier mouvement : les commandemens *deux* & *trois*, &c. décideront celle des autres mouvemens. Dès que le Cavalier connoîtra la pofition de chaque mouvement d'un temps, on lui montrera auffi-tôt à exécuter ce temps ; fans s'arrêter fur les différens mouvemens, on commandera :

1.

En douze temps.

2.

Chargez vos armes.

Un temps & deux mouvemens.

PREMIER. Faire *un demi à droite* fur le talon gauche, placer le pied droit en équerre derrière le talon gauche, la boucle à trois pouces du talon, détacher le moufqueton avec la main droite à quatre pouces de l'épaule, & perpendiculairement, le faifir de la main gauche à la capucine, le pouce alongé, l'élever des deux mains, la gauche à hauteur du teton droit, baiffer le coude & faifir la poignée, fans que le premier doigt quitte la fougarde.

SECOND. Chaffer de la main gauche la croffe fous le bras, couler en même temps la main gauche à deux pouces du reffort de la batterie, la contre-platine à deux pouces en avant du corps, la fougarde un peu en dehors, la poignée contre & fur le teton droit, le coude gauche collé au corps, le bout du canon à hauteur de l'œil. Le pouce de la main droite fe placera en même temps contre la batterie, au-deffous de la mâchoire du chien, les quatre doigts fermés, l'avant-bras le long de la croffe.

Ouvrez le baffinet.

Un temps & un mouvement.

Découvrir le baffinet, en pouffant fortement la batterie avec le pouce de la main droite, retirer le coude en arrière, porter la main au porte-cartouche & l'ouvrir.

Prenez la cartouche.

Un temps & un mouvement.

Prendre une cartouche, la tenir entre le pouce & les deux premiers doigts, la porter tout de fuite entre les dents.

Déchirez la cartouche.

Un temps & un mouvement.

Déchirer la cartouche jufqu'à la poudre, la tenant près de l'ouverture, entre le pouce & les deux premiers doigts, la defcendre tout de fuite & la placer droite contre le baffinet, le coude appuyé fur la croffe.

Amorcez.

Un temps & un mouvement.

Baiffer la tête, porter l'œil fur le baffinet, le remplir de poudre, refferrer la cartouche près de l'ouverture avec le pouce & le premier doigt, relever la tête, porter la main droite derrière la batterie, en appuyant les deux derniers doigts deffus.

Fermez le baffinet.

Un temps & un mouvement.

Réfifter de la main gauche, fermer fortement le baffinet avec les deux derniers doigts, tenant toujours la cartouche dans les deux premiers, faifir tout de fuite la poignée du moufqueton avec les deux derniers doigts & la paume de la main droite, le poignet joint au corps, le coude en arrière & un peu détaché du corps.

L'arme à gauche.

Un temps & deux mouvemens.

PREMIER. Redreffer le moufqueton, en étendant fortement le bras droit de fa longueur : tourner en même temps la baguette vers le défaut de l'épaule, couler la main gauche entre la capucine & l'anneau de la grenadière, & faire en même temps *face en tête*, en portant le pied droit en avant, le talon vis-à-vis le coude-pied gauche, à trois pouces de diftance.

SECOND. Lâcher le moufqueton de la main droite, le defcendre de la gauche le long & près du corps, jufqu'à quatre pouces de terre, le faififfant des deux derniers doigts de la main droite, à un pouce du bout du canon : la main gauche appuyée au-deffous du dernier bouton de la vefte, l'arme touchant la cuiffe gauche.

Cartouche dans le canon.

Un temps & un mouvement.

Porter l'œil fur le bout du canon, tourner brufquement le deffus de la main droite vers le corps pour renverfer la poudre, en élevant le coude à hauteur du poignet, fecouer la cartouche, & laiffer la main renverfée, les doigts fermes fans les ferrer.

Tirez la baguette.

Un temps & deux mouvemens.

PREMIER. Baiffer vivement le coude droit, & faifir la baguette entre le pouce & le premier doigt ployé, tirer vivement la baguette en alongeant le bras, les ongles en l'air, la reffaifir par le milieu entre le pouce & le premier doigt, la tourner rapidement en rafant le vifage, le dedans de la main en avant, la baguette droite, le bras tendu, les yeux en l'air & fur le bout de la baguette, le gros bout vis-à-vis de l'embouchure du canon, fans y être engagé.

SECOND. Mettre le gros bout de la baguette dans le canon, & la faire entrer jufqu'à la main.

Bourrez.

Un temps & un mouvement.

Étendre le bras de fa longueur en remontant la main droite pour faifir la baguette avec le pouce alongé, le premier doigt ployé, & les autres fermés ; la chaffer avec force dans le canon deux fois de fuite, & la reffaifir par le petit bout entre le pouce & le premier doigt, les autres doigts ployés comme ci - deffus , le coude droit joint au corps.

Remettez la baguette.

Un temps & deux mouvemens.

PREMIER. Tirer vivement la baguette hors du canon, alongeant le bras, les ongles en l'air, la reffaifir par le milieu entre le pouce & le premier doigt, le dedans de la main en avant, la tourner rapidement, comme on l'a tirée, les yeux en l'air, fur le bout de la baguette, la baguette droite, porter le petit bout à l'entrée des tenons, fans l'y engager.

SECOND. Porter le petit bout dans le tenon, & faire gliffer la baguette avec le pouce, l'enfoncer vivement en appuyant le creux de la main fur le gros bout, & replacer la main au bout du canon.

Portez

Portez = *vos armes.*

Un temps & deux mouvemens.

PREMIER. Élever le moufqueton perpendiculairement de la main gauche, en la tournant, le canon à quatre pouces & vis-à-vis l'épaule droite, defcendre la main droite pour faifir la platine, le pouce fur la fougarde, le premier doigt deffous les autres, derrière le chien, la main gauche à hauteur du teton droit, placer le pied droit à côté du gauche.

SECOND. Placer l'arme avec la main droite à l'épaule, & rentrer la gauche dans le rang.

COMMANDEMENS POUR LES FEUX.

Apprêtez = *vos armes.*

Un temps & trois mouvemens.

PREMIER. Faire un demi à droite fur le talon gauche, placer le pied droit en équerre derrière le talon gauche, le coude-pied à trois pouces du talon : détacher le moufqueton avec la main droite, à quatre pouces de l'épaule & perpendiculairement, le faifir de la main gauche à la capucine, le pouce alongé.

SECOND. Élever le moufqueton perpendiculairement des deux mains, à hauteur du cou, le pouce alongé, placer le pouce de la main droite fur la tête du chien, & armer, les autres doigts placés fous la fougarde.

TROISIÈME. Fermer vivement le coude droit en armant, & faifir la poignée.

Pofition du fecond rang.

Ce rang fera auffi un demi à droite, & portera le pied droit à fix pouces fur la droite, les pieds formant l'équerre.

Joue.

Un temps & un mouvement.

Abaiffer brufquement le bout du canon, appuyer la croffe contre l'épaule droite, le bout du canon plus bas qu'elle, les coudes abattus fans être ferrés au corps, fermer l'œil gauche, diriger l'œil droit le long du canon, baiffer la tête fur la croffe pour ajufter.

Retirez = vos armes.

Redreffer fortement le moufqueton, & reprendre la pofition du fecond mouvement d'apprêter les armes.

Cavalerie.   E

Joue.

Comme il eſt preſcrit.

F E U.

Un temps & deux mouvemens.

PREMIER. Appuyer avec force le premier doigt ſur la détente, ſans baiſſer davantage la tête, & reſter dans cette poſition.

SECOND. Retirer vivement l'arme, pour reprendre la poſition du ſixième temps de la charge, excepté que le pouce ſaiſira la tête du chien avec le premier doigt plié & les autres fermés.

Le chien = au repos.

Un temps & un mouvement.

Relever le chien juſqu'au cran du repos, prendre garde de ne pas l'armer, porter auſſitôt la main au porte-cartouche & l'ouvrir.

Si, après avoir fait feu, on ne veut point faire charger les armes, on commandera auſſitôt après, *Portez = vos armes.*

A la fin de la première partie du commandement, les Cavaliers mettront le chien au repos & fermeront le baſſinet. A la fin de la ſeconde, ils porteront l'arme au bras droit avec la plus grande vivacité, en faiſant face en tête.

Préſentez = vos armes.

Un temps.

Apporter le mouſqueton de la main droite vis-à-vis l'œil gauche, la baguette en avant, le chien à hauteur du dernier bouton de la veſte perpendiculairement; ſaiſir le mouſqueton bruſquement de la main gauche, au-deſſus & contre le reſſort de la batterie, le pouce alongé le long du bois, la main droite quittant alors la fougarde, ſaiſira la poignée.

L'arme au bras.

Un temps & quatre mouvemens.

PREMIER. Détacher avec la main droite le mouſqueton à quatre pouces de l'épaule & perpendiculairement, le ſaiſir de la main gauche à la capucine, le pouce alongé.

SECOND. Élever le mouſqueton des deux mains, & le

tournant, le canon en dehors, la baguette vis-à-vis le
défaut de l'épaule gauche, la main gauche à hauteur du
cou. Couler la main droite jufqu'à la naiſſance de la croſſe
dont le bec touchera le gros de la hanche.

TROISIÈME. Placer l'avant-bras gauche horizontalement
fur la poitrine, le chien appuyé deſſus, la main ouverte
& fur le teton droit.

QUATRIÈME. Rentrer la main droite dans le rang.

Portez = vos armes.

Un temps, & quatre mouvemens.

PREMIER. Saiſir le mouſqueton de la main droite à la
naiſſance de la croſſe.

SECOND. Détacher le mouſqueton de l'épaule à ſix
pouces, placer la main gauche à la capucine, le pouce
alongé, l'avant-bras fur la platine.

TROISIÈME. Tourner le mouſqueton de la main gauche
en le baiſſant, la baguette en dehors, la main gauche à
hauteur de la hanche droite, le canon à quatre pouces
de l'épaule, faiſir la platine avec la main droite.

QUATRIÈME. Rentrer la main gauche dans le rang, &
de la droite placer l'arme à l'épaule.

L'arme ſous le bras gauche.

Un temps & trois mouvemens.

PREMIER. Détacher de la main droite le mouſqueton
à quatre pouces de l'épaule, & perpendiculairement le
faiſir de la main gauche, à la capucine, le pouce alongé.

SECOND. Élever l'arme des deux mains en la tournant,
le canon en dehors, la baguette vis-à-vis le défaut de
l'épaule gauche, la main gauche à hauteur du cou, couler
la main droite jufqu'à la naiſſance de la croſſe dont le bec
touchera la hanche.

TROISIÈME. Chaſſer vivement de la main droite la
croſſe ſous le bras, le coude toujours fur la platine, le
petit doigt en avant de la hanche, appuyer le pouce fur
la baguette, le bout du canon à deux pieds de terre,
rentrer la main droite dans le rang.

Portez = vos armes.

Un temps & trois mouvemens.

PREMIER. Relever le mouſqueton perpendiculairement,
la main gauche à hauteur du cou, le coude fur la platine,

le bec de la croſſe touchant le gros de la hanche , le faiſir de la main droite à la naiſſance de la croſſe.

SECOND. Tourner le mouſqueton de la main gauche en le baiſſant , la baguette en dehors , la main gauche au-deſſus de la hanche droite , le canon à quatre pouces de l'épaule , faiſir la platine avec la main droite.

TROISIÈME. Rentrer la main gauche dans le rang , & de la droite placer l'arme à l'épaule.

Repoſez-vous = ſur vos armes.

Un temps & trois mouvemens.

PREMIER. Porter de la main droite le mouſqueton perpendiculairement à quatre pouces en avant de l'épaule, le faiſir de la main gauche à la capucine.

SECOND. Placer la main droite à l'anneau de la grenadière.

TROISIÈME. Alonger le bras droit, laiſſer couler l'arme dans la main droite juſqu'à terre, la croſſe à deux pouces à côté de la pointe du pied droit, le coude près du corps, la main gauche dans le rang.

Portez = vos armes.

Un temps & trois mouvemens.

PREMIER. Élever l'arme de la main droite, le pouce alongé , le bout du canon à hauteur de l'œil, le canon à quatre pouces de l'épaule , faiſir le mouſqueton de la main gauche à la capucine, le pouce alongé.

SECOND. Deſcendre la main droite , la placer à la platine, le pouce au-deſſous de la fougarde, le premier doigt deſſous , les trois autres ſous le chien.

TROISIÈME. Rentrer la main gauche dans le rang , & de la droite placer l'arme à l'épaule.

De l'InſpeΩion des Armes..

AVANT de faire l'inſpeΩion , on fera repoſer ſur les armes, ainſi qu'il vient d'être expliqué.

On commandera enſuite ,

Garde à vous.

InſpeΩion des armes.

On mettra la baguette dans le canon en un temps & deux mouvemens.

PREMIER. Faire un tiers d'à-droite ſur le talon gauche,

de

de manière que le talon droit fe trouve placé vis-à-vis le
coude - pied gauche, à trois pouces de diftance, tourner
de la main droite le moufqueton, la platine en dehors, le
faifir de la main gauche au-deffus de la main droite.

SECOND. Saifir la baguette avec le pouce & le premier
doigt ployé, les autres fermés, la dégager des tenons en
alongeant le bras, la laiffer couler dans le canon, & faire
face en tête, replaçant la main gauche dans le rang, & la
droite au-deffous de l'anneau de la grenadière.

Alors, l'Officier infpectera fucceffivement l'arme de
chaque Cavalier. Celui-ci la fera paffer vivement de la
main droite dans la main gauche, la platine en dehors:
la main gauche placée entre la capucine & le petit reffort
de la batterie, vis-à-vis l'épaule gauche, à hauteur de la
bouche. L'Officier la prendra, & la lui rendra après l'avoir
examinée. Le Cavalier la replacera à la pofition de *fe
repofer fur les armes*; & dès que l'Officier l'aura dépaffé,
il remettra de lui - même la baguette, en reprenant la
pofition prefcrite au commandement *Infpeꝗion des armes,*
après quoi il fe remettra *face en tête.*

De la Charge précipitée.

Quatre. Temps.

Charge précipitée.

Chargez = vos armes.

PREMIER. Exécuter le premier temps de la charge,
découvrir le baffinet, prendre la cartouche, la déchirer
& la defcendre près du baffinet.

SECOND. Amorcer, fermer le baffinet, paffer l'arme
à gauche, la cartouche à hauteur du canon.

TROISIÈME. Mettre la cartouche dans le canon, tirer
la baguette, la mettre dans le canon & bourrer.

QUATRIÈME. Sortir la baguette, la remettre & porter
l'arme.

Obfervation relative à la Charge précipitée.

L'objet de cette charge eft de faire diftinguer aux
Cavaliers les temps qu'ils doivent précipiter, & ceux dont

l'exécution exige plus de régularité, comme amorcer, mettre la cartouche dans le canon & bourrer.

De la Charge à volonté.

Charge à volonté.

Chargez = vos armes.

Exécuter de suite les quatre temps de la charge précipitée sans s'arrêter sur aucun.

Des Feux.

Lorsqu'on sera contraint de faire tirer une troupe de Cavalerie à pied, on la partagera en deux, afin de ne pas se dégarnir à la fois de tout son feu. Chaque subdivision ne tirera que quand l'autre aura rechargé. On emploîra les commandemens qui ont été prescrits précédemment; & après le commandement, *Feu*, les Cavaliers rechargeront leurs armes sur le champ, à moins qu'avant le commandement, *Apprêtez = vos armes*, on ne les ait prévenus de ne plus charger, alors ils mettront le chien au repos, fermeront le bassinet & reporteront l'arme, après avoir fait feu.

Observations relatives au maniement des Armes, à la Charge, & aux Feux.

Pour peu que la position du corps ne soit pas parfaitement établie, le maniement des armes déforme absolument les Cavaliers, il ne faut donc absolument y employer que le tiers du temps de la leçon, ou tout au plus la moitié, & le reste à la marche.

Les charges & les feux seront exécutés d'abord avec des cartouches de bois, on emploîra ensuite celles de son ou de sciure de bois, afin d'accoutumer les Cavaliers à ne pas répandre la poudre en amorçant & en mettant la cartouche dans le canon. On finira par faire exécuter les feux à poudre, & enfin à balles & à la cible.

L'Instructeur veillera à ce qu'aucun Cavalier ne mette

jamais plus de deux cartouches dans le canon; on accou-
tumera le Cavalier, en mettant le chien au repos, à
obferver fi la fumée fort par la lumière, ce qui eft une
indication fûre que le coup eft parti. Si le Cavalier
s'aperçoit que la fumée ne fort pas par la lumière, au lieu
de recharger fon moufqueton, il fe retirera derrière le
rang pour épingler & amorcer de nouveau.

QUATRIÈME LEÇON.

Des différens Pas de la Marche de flanc, des Alignemens & des Converfions.

Des différens Pas.

Lorfque les Cavaliers auront acquis l'habitude de
bien marcher le pas en portant l'arme, & qu'ils fauront exécuter le maniement des armes, on leur montrera
à marcher obliquement, à marquer le pas, à changer le
pas, à marcher le pas accéléré & le pas en arrière.

Ces différens pas feront de foixante-feize à la minute,
excepté le pas accéléré, qui doit être de cent dix. Ils feront
tous indiqués par un avertiffement; le pas ordinaire eft le
feul qui ne doive pas l'être.

Marcher obliquement.

On commandera:

Oblique à droite.

MARCHE.

Chaque Cavalier fera un quart d'à-droite, & fe dirigera droit devant lui, confervant la tête directe; dans
cette pofition, il n'y aura plus de contact entre les coudes:
mais l'égalité du pas, & l'attention que devront avoir les
Cavaliers de conferver toujours une obliquité égale, fuffi-
ront pour affurer leur alignement. Lorfqu'on voudra faire
reprendre la première direction, on commandera : *En
avant.* Les Cavaliers feront un quart d'à-gauche & marcheront droit devant eux.

Obfervation relative à la Marche oblique.

Tout ce qui vient d'être dit fur la marche oblique à droite, peut fe rapporter à la marche oblique à gauche. Pendant la durée de la marche oblique, le guide fera toujours du côté vers lequel on obliquera ; on répétera fréquemment ce principe aux Cavaliers, afin qu'ils s'y conforment, fans qu'il foit néceffaire d'en faire le commandement.

Marcher le Pas.

Les Cavaliers marchant le pas ordinaire, on commandera :

1.

Marquez le Pas.

2.

MARCHE.

Au fecond commandement, les Cavaliers rapporteront les talons à côté l'un de l'autre, fans avancer, & en obfervant la cadence du pas.

Lorfqu'on voudra marcher en avant, on commandera :

1.

En avant.

2.

MARCHE.

Au fecond commandement, on reprendra le pas ; il faut prononcer le commandement, *Marche*, lorfque le pied va pofer à terre, & faifir le temps jufte, fans quoi les Cavaliers ne partiroient pas enfemble.

Changer le Pas.

Les Cavaliers étant en marche au pas ordinaire, on commandera :

1.

Changez le Pas.

2. MARCHE,

2.

MARCHE.

Au fecond commandement fait, le pied gauche levé, les Cavaliers le poferont à terre en marquant le pas avec le pied droit, & repartiront du pied gauche. Cette leçon leur apprend à reprendre aifément le pas lorfqu'ils l'ont perdu.

Du Pas accéléré.

Les Cavaliers marchant le pas ordinaire , on com- mandera :

1.

Pas accéléré.

2.

MARCHE.

Au fecond commandement, les Cavaliers prendront le pas de cent dix à la minute.

Obfervations relatives au Pas ordinaire & au Pas accéléré.

On paffera du pas ordinaire au pas accéléré , & de celui - ci au pas ordinaire , en commandant *marche* , au moment où le pied fe lève , afin que le Cavalier ait le temps de reprendre , de l'autre jambe , le pas com- mandé.

Du pas en arrière.

Le pas en arrière doit être de la longueur d'un pied; les Cavaliers étant de pied ferme , on commandera :

1.

En arrière.

2.

MARCHE.

Au fecond commandement , les Cavaliers retireront le pied gauche en arrière , & le porteront à la diftance d'un pied, à compter des talons, & ainfi fucceffivement, jufqu'à ce qu'on commande *halte*. A ce commandement, les Cavaliers arrêteront, en rapportant le pied qui eſt en avant à côté de l'autre.

Attentions que l'Inſtructeur doit avoir dans le Pas en arrière.

1.° Que les Cavaliers ne creuſent pas les reins, en renverſant les épaules ;

2.° Qu'ils conſervent la poſition du corps & des épaules carrément dans la ligne ;

3.° Qu'ils marchent droit en arrière ſans ſe détourner ni à droite ni à gauche ;

4.° De ne le faire exécuter que quelques pas ſeulement.

Obſervations relatives à la Marche.

On ne doit enſeigner les différens pas aux Cavaliers de recrue, que lorſqu'ils ſeront confirmés dans la cadence & la longueur du pas ordinaire.

On les exercera aux différens pas, portant l'arme, & l'arme au bras. Dans le dernier cas, ils la porteront vivement au commandement *halte.*

De la Marche de flanc.

Les deux Cavaliers étant ſur un rang, joints coude à coude, on commandera :

1.

Par le flanc droit.

2.

À DROITE.

3.

MARCHE.

Au ſecond commandement, les Cavaliers feront à droite.

Au troiſième, ils ſe mettront en marche.

Obſervations relatives à la Marche de flanc.

L'Inſtructeur placera un Cavalier inſtruit à la gauche

du premier Cavalier, ou à fa droite, fi l'on marche par la gauche, pour le diriger ; il fe placera derrière le rang marchant en file, s'arrêtera, lui laiffera parcourir vingt ou trente pas, examinera fi les Cavaliers ne fe jettent ni à droite ni à gauche, s'ils ne dérivent pas, en tournant les épaules, ou en ferpentant dans la direction.

Il leur donnera pour principe, que la tête du Cavalier qui les précède, leur cache celles des Cavaliers qui font devant eux.

Il fe placera auffi quelquefois à quinze ou vingt pas fur le flanc des hommes qu'il inftruira, pour obferver :

1.° Que le pas foit fait fur les mêmes principes que le pas ordinaire ;

2.° Que les Cavaliers maintiennent toujours exactement la diftance qui leur eft néceffaire pour fe remettre de front, après le commandement *halte*, pour faire converfer la file qui marche par le flanc. On commandera,

1.

Par file à droite ou *à gauche.*

2.

MARCHE.

Chaque Cavalier exécutera ce commandement, quand il arrivera à la place où celui qui précède l'aura exécuté.

Pour arrêter la file.

On commandera :

1.

Peloton.

2.

HALTE.

3.

FRONT.

Au fecond commandement, les deux Cavaliers s'arrêteront.

Au troisième, ils feront à gauche, s'ils marchent par la droite, & à droite s'ils marchent par la gauche.

Des Alignemens.

On réunira six Cavaliers de front, pour les instruire aux alignemens.

L'Instructeur fera porter deux Cavaliers à trois ou quatre pas en avant du rang ; il les alignera, & il commandera :

Par file à droite, A L I G N E M E N T;

ou *Par file à gauche, A L I G N E M E N T.*

A ce commandement, chaque Cavalier se portera successivement en avant; il tournera la tête du côté de l'alignement ; joindra le coude du Cavalier vers lequel il a la tête tournée, de manière à sentir légèrement le coude sans ouvrir le sien, pour n'être pas obligé de se jeter du côté opposé; il observera de ne pas dépasser l'alignement, & de se placer regardant la ligne des yeux du rang, de manière à n'être jamais dans le cas de reculer.

L'Instructeur placera deux Cavaliers bien alignés à trois ou quatre pas en arrière; il fera ensuite aligner les autres en arrière, par les mêmes commandemens & d'après les mêmes principes indiqués ci-dessus pour l'alignement en avant.

Observations relatives aux leçons d'Alignement.

L'Instructeur observera que le Cavalier arrive tranquillement sur l'alignement; qu'il ne le dépasse jamais; qu'il ne penche pas le corps en arrière, ni la tête en avant; qu'il ne tourne la tête que le moins possible, & seulement de manière à voir la ligne des yeux; qu'il n'avance pas l'épaule du côté de l'alignement ; enfin, qu'il conserve toujours la position qui lui a été donnée; qu'au commandement *fixe,* il cesse tout mouvement, quand même il ne seroit pas sur la ligne; & qu'à l'avertissement *tête fixe, en avant,* ou *en arrière,* il l'exécute à l'instant même.

D

Des Converſions.

Les Cavaliers étant de pied-ferme, ſur un rang, & joints coude à coude, on les fera converſer à droite ou à gauche au pas ordinaire; on placera un Cavalier dreſſé à l'aile marchante, pour la conduire. Si la converſion doit ſe faire à droite, on commandera :

1.

Peloton en cercle à droite.

2.

MARCHE.

Au ſecond commandement, les Cavaliers tourneront la tête à gauche ; les yeux feront fixés à la hauteur & ſur la ligne de ceux des Cavaliers qui ſont à leur gauche ; ils partiront en même temps du pied gauche. Le Cavalier qui eſt au pivot ne fera que marquer le pas ; on les fera tourner long-temps du même côté, afin de les habituer à ce mouvement. Lorſqu'on voudra arrêter la converſion, on commandera :

1.

Peloton.

2.

HALTE.

Au ſecond commandement, les Cavaliers arrêteront.

Attentions que doit avoir l'Inſtructeur dans la marche de converſion.

Que les Cavaliers faſſent le pas d'une longueur pro-portionnée à la place qu'ils occupent dans le rang, c'eſt-à-dire, d'autant plus court qu'ils ſont rapprochés du pivot ; qu'ils ne tournent pas trop la tête ; que les épaules ſoient toujours carrément dans le rang ; qu'ils tiennent à leur voiſin du côté du pivot, ſans écarter le coude droit ni le bras gauche ; enfin, quils obſervent, quant à la poſition du corps & au port de l'arme, tout ce qui eſt preſcrit dans la marche directe, avec les ſeules différences indiquées de la longueur du pas & du principe de fixer leurs yeux sur ceux des Cavaliers du côté de l'aile marchante, tandis qu'ils doivent tenir au côté du pivot.

On exercera enfuite les Cavaliers à converfer en marchant; on commandera :

Tournez à droite ou *à gauche.*

La converfion s'exécutera comme il vient d'être prefcrit, avec cette différence, que le pivot, au lieu de marquer le pas, le fera de fix pouces, & que tous les Cavaliers prendront le pas accéléré.

Pour reprendre la marche directe.

On commandera :

EN AVANT.

A ce commandement, les têtes fe replaceront directes, & tous les Cavaliers reprendront le pas ordinaire.

Les Cavaliers de recrue étant parfaitement affermis dans toutes les parties qui compofent cette école élémentaire, on les fera paffer à celle de l'efcadron à pied.

A R T I C L E 2.

Infruction à Cheval.

La première leçon fe donnera homme par homme, en attachant un Inftructeur à chaque Cavalier, afin qu'elle foit donnée avec plus de foin.

Dans cette leçon, le cheval fera en bridon & en couverte.

P R E M I È R E L E Ç O N.

Pofition du Cavalier avant de monter à cheval.

Voyez Pl. III. Le Cavalier fe placera un pas en avant de fon cheval, lui tournant le dos, les rênes paffées dans le bras gauche, la droite croifée par-deffus la gauche; il tiendra les rênes à pleine main, le poignet fur le creux de l'eftomac, la

main droite fur le côté, les talons fur la même ligne,
plus ou moins rapprochés, fuivant la conformation de
l'homme ; le corps & la tête placés comme à l'exercice
à pied.

Monter à cheval.

On commandera :

Préparez-vous pour monter à cheval.

Un temps & fix mouvemens.

PREMIER. Faire demi - tour à gauche, fur le talon
gauche, en levant un peu la pointe des pieds.

SECOND. Saifir de la main droite le bout des rênes,
le pouce alongé entre les deux rênes, les ongles en-deffous; empoigner les rênes de la main gauche, à fix pouces
de la bouche du cheval, le pouce vis-à-vis la tête du
cheval.

TROISIÈME. élever la main droite & paffer les rênes
fur le cou du cheval, en commençant par engager l'oreille
droite, & en féparant les deux rênes avec le pouce.

QUATRIÈME. Faire deux pas, en partant du pied
droit, pour fe placer vis-à-vis l'épaule gauche du cheval,
& faire un à gauche fur la pointe du pied ; rapporter en
même temps le talon droit près du gauche, fans abandonner les rênes.

CINQUIÈME. Élever les rênes de la main droite, de
toute la longueur du bras; laiffer couler la main gauche
fur le cou du cheval; paffer le petit doigt entre les deux
rênes, & faifir une poignée de crin avec les quatre autres
doigts.

SIXIÈME. Abandonner le bout des rênes de la main
droite, appuyer l'avant-bras droit fur le dos du cheval
& la main fur le garrot.

A cheval.

Un temps & deux mouvemens.

PREMIER. S'enlever légèrement fur les deux poignets,
le corps droit, la ceinture à hauteur du garrot du cheval.

SECOND. Paffer la cuiffe droite tendue par-deffus
la croupe du cheval, fans la toucher, & fe placer doucement à cheval.

De la *position* de l'homme.

La tête haute, aifée, d'à-plomb & dégagée des épaules.

Les épaules tombantes & bien effacées, la poitrine faillante.

Les bras libres, les coudes tombant naturellement.

Les deux feffes portant également fur le dos du cheval, la ceinture en avant, les reins droits, fermes & bien foutenus; le haut du corps aifé, libre & droit, de manière que l'homme foit maintenu dans fon affiette par fon propre poids & par fon équilibre.

Une rêne du bridon dans chaque main, les doigts fermés, le pouce alongé fur chaque rêne, les poignets à la hauteur de l'avant-bras, foutenus & féparés à fix pouces l'un de l'autre, les doigts fe faifant face.

Les cuiffes embraffant également le cheval, doivent être tournées fur leur plat depuis la hanche jufqu'au genou, & ne s'alonger que par leur propre poids & par celui des jambes.

Le pli des genoux liant.

Les jambes libres & tombant naturellement.

Les pointes des pieds tombant de même naturellement.

Le Cavalier ainfi placé, fon corps fe trouvera en quelque forte divifé en trois parties, deux mobiles, qui font le haut du corps & les jambes, & une immobile qui prend depuis le bas des reins & des hanches jufqu'au pli des genoux; c'eft l'adhérence parfaite de cette partie immobile avec le cheval, qui forme l'affiette du Cavalier.

Pour affurer la pofition de la partie immobile, le Cavalier doit conferver le corps bien d'à-plomb fur les reins, & relâcher fes cuiffes & fes jambes.

Alonger les rênes du bridon.

On commandera :

Alongez = vos rênes.

Un Temps & quatre mouvemens.

PREMIER. Saifir la rêne gauche avec le pouce & le premier doigt de la main droite, un peu au-deſſus du poignet gauche, les deux pouces vis-à-vis l'un de l'autre.

SECOND. Ouvrir la main gauche, laiſſer couler la rêne juſqu'à ce que les deux poignets ſe touchent

TROISIÈME. Alonger la rêne droite de la même manière.

Les rênes étant ſuffiſamment alongées, replacer les poignets.

Raccourcir les rênes du bridon.

On commandera,

Raccourciſſez = vos rênes.

Un temps & quatre mouvemens.

PREMIER. Saifir avec le pouce & le premier doigt de la main droite, la rêne gauche au-deſſus du poignet, de manière que les deux pouces ſe touchent.

SECOND. Ouvrir la main gauche, laiſſer gliſſer la rêne juſqu'à ce que les poignets ſe trouvent éloignés de deux à trois pouces, fermer enſuite la main gauche.

TROISIÈME & QUATRIÈME. Raccourcir la rêne droite de la même manière.

Croiſer les rênes dans la main gauche.

On commandera,

Croiſez vos rênes dans la main gauche.

Un temps & deux mouvemens.

PREMIER. Renverſer un peu le poignet gauche, paſſer la rêne droite dans la main gauche pour la placer ſous la rêne gauche, de façon que l'extrémité ſupérieure de la rêne ſorte de la main gauche du côté du petit doigt.

SECOND. Replacer la main droite ſur le côté.

Prendre les rênes dans les deux mains.

On commandera,

Séparez = vos rênes.

Un Temps & un mouvement.

Saiſir la rêne droite de la main droite, en replaçant les poignets à ſix pouces l'un de l'autre.

Cavalerie.

I

Croiser les rênes dans la main droite.

On commandera,

Croisez vos rênes dans la main droite.

Un temps & deux mouvemens.

PREMIER. Tourner un peu le poignet droit, paffer la rêne gauche dans la main droite pour la placer fous la rêne droite, de façon que l'extrémité fupérieure de la rêne forte de la main droite du côté du petit doigt,

SECOND. Replacer la main gauche fur le côté.

On fera replacer les rênes dans les deux mains, au commandement, *féparez vos rênes;* ce qui s'exécutera par les mouvemens contraires.

Marcher.

On commandera,

I.

Garde à vous.

2.

En avant.

3.

MARCHE.

Au premier commandement, fe grandir du haut du corps, prendre fa pofition & prêter toute fon attention.

Au fecond commandement, affurer les poignets & tenir les jambes près, fans les fermer, ce qui s'appelle: *raffembler fon cheval.*

Au troifième commandement, fermer les jambes plus ou moins, proportionnément à la fenfibilité du cheval, & baiffer un peu les poignets, ce qui s'appelle *avoir la main légère.* Le cheval ayant obéi, relâcher les jambes par degrés, & replacer les poignets.

Ces deux derniers commandemens doivent fe fuivre de très-près.

Arrêter.

On commandera,

I.

Garde à vous.

2.

H A L T E.

Au premier commandement, foutenir un peu les poignets pour préparer fon cheval à l'arrêt.

Au fecond commandement, élever les poignets en les rapprochant du corps fans les arrondir, tenir les jambes près pour empêcher le cheval de reculer. Le cheval ayant obéi, diminuer l'effet des mains & des jambes. Si le cheval n'obéiffoit pas, le Cavalier lui feroit fentir fucceffivement l'effet de chaque rêne, fuivant la fenfibilité du cheval, ce qui s'appelle *fcier du bridon.*

Reculer.

On commandera :

I.

En arrière.

2.

M A R C H E.

Au premier commandement, raffembler fon cheval.

Au fecond commandement, affurer le corps, élever les poignets, & tenir les jambes près ; dès que le cheval obéit, baiffer les poignets, ce qui s'appelle *arrêter & rendre.* Si le cheval jette fes hanches à droite, fermer la jambe droite. S'il les jette à gauche, fermer la jambe gauche. Si ce moyen ne fuffit pas pour remettre le cheval droit, porter les poignets du côté où le cheval jette fes hanches, ce qui s'appelle *oppofer les épaules aux hanches.*

Tourner à droite.

On commandera :

1.

Par Cavalier à droite.

2.

MARCHE.

Au premier commandement, raffembler fon cheval.

Au fecond commandement, ouvrir la rêne droite, & fermer progreffivement la jambe droite. Le mouvement prefque fini, diminuer l'effet de la rêne droite & de la jambe droite, en foutenant la rêne gauche pour terminer le mouvement. Obferver de ne point tourner le cheval trop court. Pour l'éviter, déterminer les épaules du cheval fur un quart-de cercle d'environ deux à trois pas.

Au commandement *halte*, relâcher la main & les jambes.

Tourner à gauche.

Mêmes principes, en employant les moyens contraires.

Demi-tour à droite.

On commandera :

I.

Par Cavalier, demi-tour à droite.

2.

MARCHE.

Au premier commandement, raffembler fon cheval.

Au fecond commandement, ouvrir la rêne droite, en fermant progreffivement la jambe droite, & faire parcourir au cheval un demi-cercle d'environ cinq pas fur la ligne des épaules. Le mouvement prefque fini, approcher la jambe gauche pour foutenir les hanches du cheval.

Au commandement *halte*, relâcher la main & les jambes.

Demi-tour à gauche.

Mêmes principes, en employant les moyens contraires.

De l'ufage des rênes.

Les bras doivent agir, fans communiquer de force au corps qui reftera conftamment d'à-plomb. Le mouvement des bras doit s'étendre depuis le poignet jufqu'à l'emboîtement du bras dans l'épaule. Les rênes fervent de moyens pour faire fentir au cheval les volontés du Cavalier, & leur action doit toujours être d'accord avec celle des jambes.

De

De l'effet des Rênes.

En élevant un peu les poignets, on raffemblera fon cheval ; en les élevant davantage & avec un peu plus de force, on l'arrêtera.

En ouvrant la rêne droite, l'on déterminera fon cheval à tourner à droite.

En ouvrant la rêne gauche, on déterminera fon cheval à tourner à gauche. En baiffant un peu les poignets, on donnera à fon cheval la liberté de fe porter en avant.

De l'effet des Jambes.

Les jambes doivent fe fermer par degrés. On doit toujours proportionner leur effet à la fenfibilité du cheval ; elles doivent agir pour le chaffer en avant, pour le foutenir & l'aider à tourner à droite ou à gauche. Toutes les fois qu'on veut déterminer un cheval en avant, il faut, quand le cheval eft fellé, fermer les jambes derrière les fangles, & avoir attention, en exécutant ce mouvement, de ne point ouvrir ni remonter les genoux ; le pli doit en être très-liant. Le Cavalier replacera fes jambes par degrés, comme il a dû les fermer.

De l'Éperon.

Si le cheval n'obéit point aux jambes, il faudra employer l'éperon, qui doit être regardé, non comme un aide, mais comme un châtiment : il ne faudra s'en fervir par conféquent que rarement, mais toujours vigoureufement.

Pour apprendre au Cavalier à faire ufage de fes éperons, on commandera :

Pincez = des deux.

Un temps & deux mouvemens.

PREMIER. Affurer fon corps, fa ceinture & fes poignets, fe lier au cheval des cuiffes, des jarrets & des gras de jambes, & tourner les pointes des pieds un peu en dehors.

SECOND. Baiffer un peu les poignets, appuyer ferme

des éperons derrière les fangles fans faire aucun mouve-ment du corps , & les y laiffer jufqu'à ce que le cheval ait obéi.

Quand le cheval aura obéi, affurer les poignets & relâcher les jambes.

Dans la Leçon de pied-ferme , on ne fera point exécuter le fecond mouvement, on l'expliquera feule-ment au Cavalier.

Defcendre de cheval en couverte.

On commandera :

Préparez-vous pour fauter à terre.

Un temps & deux mouvemens.

PREMIER. Prendre les deux rênes dans la main gauche, empoigner les crins avec les quatre doigts de cette main bien fermée, le pouce alongé fur la feconde jointure du premier doigt.

SECOND. Placer la main droite fur le garrot, le pouce à gauche & les quatre doigts en dehors.

Sautez = à terre.

Un temps & trois mouvemens.

PREMIER. S'enlever fur les deux poignets , paffer la jambe droite tendue par-deffus la croupe du cheval, fans la toucher, rapporter la cuiffe droite près de la gauche , le corps bien foutenu.

SECOND. Sauter légèrement à terre fur la pointe des pieds, en pliant un peu les genoux, faifir les rênes de la main gauche, à fix pouces de la bouche du cheval, les ongles en-deffus, la main droite reftant fur le garrot.

TROISIÈME. Faire deux pas du pied gauche pour fe trouver vis à-vis la tête du cheval. Paffer les rênes par-deffus la tête du cheval , en commençant par dégager l'oreille droite.

Front.

A ce commandement , faire demi-tour à droite en tournant le dos à fon cheval, la main gauche tenant les rênes par le bout, & fe plaçant fur le creux de l'eftomac, la main droite fur le côté.

Obſervations.

Lorſqu'on fera mettre pied à terre aux Cavaliers, dans les manéges, pour leur apprendre à ſe ſoutenir ſur leurs poignets, on les préviendra qu'ils reſteront ſur le premier mouvement, d'où on leur fera reprendre la poſition de l'homme à cheval, en leur commandant : *à cheval.*

Lorſqu'ils ſauront bien exécuter ce mouvement du côté gauche, on le leur fera exécuter du côté oppoſé, on commandera : *Préparez-vous pour ſauter à terre à droite.*

Un temps & deux mouvemens.

PREMIER. Prendre les deux rênes dans la main droite, empoigner les crins avec les quatre doigts de cette main bien fermée, le pouce alongé ſur la ſeconde jointure du premier doigt.

SECOND. Placer la main gauche ſur le garrot, le pouce à droite, & les doigts en dehors.

Sautez = à terre.

Un temps & deux mouvemens.

PREMIER. S'enlever ſur les deux poignets, paſſer la jambe gauche tendue par - deſſus la croupe du cheval, ſans la toucher, rapprocher la cuiſſe gauche près de la droite, le corps bien ſoutenu.

SECOND. Sauter légèrement à terre, ſur la pointe des pieds en pliant un peu le genou.

Après le premier mouvement, on fera reprendre au Cavalier la poſition de l'homme à cheval, en lui com-mandant : *à cheval.*

Lorſque les Cavaliers ſauront bien exécuter à droite & à gauche le premier mouvement de *ſauter à terre,* on leur fera exécuter de ſuite les deux premiers mouve-mens, puis remonter à cheval, également à droite & à gauche.

Défiler par la droite & ramener les chevaux à l'écurie.

On commandera :

Par la droite $=$ défilez.

Un temps & cinq mouvemens.

PREMIER. Faire demi-tour à gauche fur le talon gauche, en levant un peu les pointes des pieds.

SECOND. Laiffer tomber les rênes fur le bras gauche, faire le mouvement de décrocher la gourmette & celui d'ouvrir la muferolle.

TROISIÈME. Saifir de la main droite les rênes à fix pouces de la bouche du cheval, les ongles en deffus.

QUATRIÈME. Rapprocher la main gauche de la droite, la paffer entre les rênes pour la dégager, faififfant les rênes au-deffous de la main gauche, qu'on laiffera couler jufqu'au bout.

CINQUIÈME. Faire un à-gauche, reportant la main gauche fur le côté fans quitter les rênes.

Défiler par la gauche.

On commandera :

Par la gauche défilez.

Un temps & cinq mouvemens.

PREMIER. Faire demi-tour à gauche, en élevant les pointes des pieds.

SECOND. Laiffer tomber les rênes fur le bras gauche, faire le mouvement de décrocher la gourmette, & celui d'ouvrir la muferolle.

TROISIÈME. Saifir de la main droite le bout des rênes fur le bras gauche.

QUATRIÈME. Rapprocher la main gauche de la droite, en la dégageant des rênes, les faifir de la main gauche, fix pouces au-deffous de la bouche du cheval, les ongles en deffus.

CINQUIÈME. Faire un à-droite, laiffer tomber la main droite fur le côté fans quitter les rênes.

MARCHE.

Partir du pied gauche.

Obfervations.

En menant les chevaux à l'écurie, il faut tenir la main haute, pour les empêcher de fauter.

L'objet de cette première leçon étant de donner au
Cavalier

Cavalier de pied-ferme l'intelligence des moyens qu'il doit employer pour conduire fon cheval, l'Inſtructeur ne paſſera ſur chacun des détails qu'elle renferme, qu'après s'être aſſuré qu'il l'aura fait concevoir au Cavalier qu'il doit former.

TITRE II.

La leçon de pied-ferme ayant été bien entendue, on fera marcher les Cavaliers ſur une ligne droite, au pas, les Inſtructeurs s'attachant à les bien placer.

Voyez Pl. V. Fig. 3.

Au commandement, *Marche,* le Cavalier baiſſera les deux poignets, l'Inſtructeur aidera le cheval avec la chambrière, ſi cela eſt néceſſaire, pour le faire porter en avant; il ſuivra le Cavalier dans ſa marche, en ſe tenant ſur le côté.

L'Inſtructeur obſervera de ne jamais terminer la leçon, ſans queſtionner les Cavaliers ſur les inſtructions qu'il vient de leur donner. On en uſera de même à la fin de chaque leçon.

SECONDE LEÇON.

Travail des Cavaliers à la longe, les Chevaux en couverte & en bridon.

Les Cavaliers de recrue s'étant un peu habitués au mouvement du cheval, on en réunira trois pour les faire travailler à la longe ſur de très-grands cercles, d'abord au pas.

On leur fera exécuter les mouvemens de tête au commandement : *tête à droite, tête à gauche, tête directe.* Ils exécuteront ces mouvemens comme à l'exercice à pied.

Obſervation.

On fera enſuite marcher les Cavaliers au petit trot.

Les Inſtructeurs veilleront à ce que le haut du corps & la tête ne ſoient pas dérangés par le mouvement du cheval.

Ils s'occuperont auſſi de faire porter la ceinture le plus en avant poſſible.

Cavalerie.

L

Toutes les fois qu'un Cavalier aura dérangé sa position, on commandera, *halte*, pour le replacer, autant qu'il se pourra, sans le toucher.

On passera succeſſivement du pas au trot, & du trot au pas, pour accoutumer les Cavaliers à changer d'allure.

On ne fera uſage du petit trot que pour les Cavaliers qui feront à la seconde leçon, & on le bannira abſolument de toute autre inſtruction, parce qu'il habitueroit les chevaux à prendre une allure tâtonnée, & qu'on ne ſauroit leur en donner de trop franche & de trop décidée.

Changement de main à la longe.

Voyez Pl. VI.
Fig. 1.re

Quand les Cavaliers auront marché aſſez long-temps à droite, on les fera changer de main, ainſi qu'il va être expliqué.

La repriſe étant à droite, l'Inſtructeur prendra la longe, s'approchera du premier cheval pour le conduire, & commandera, *tournez = à droite*. Le premier Cavalier ouvrira alors la rêne droite, & tournera ſon cheval toujours en avançant, décrivant une ſorte de ligne circulaire, s'arrêtant enſuite, faiſant face au-dehors du cercle.

Le ſecond Cavalier continuera de marcher encore quatre pas, & viendra, dirigé par l'Inſtructeur qui lui commandera, *tournez = à droite*, ſe placer à la droite du premier Cavalier.

Le troiſième Cavalier fera les mêmes mouvemens.

Les Inſtructeurs profiteront de ce moment de repos pour replacer les hommes & pour leur faire prendre la poſition preſcrite au premier mouvement de *pincez = des deux*.

Voyez Pl. VI.
Fig. 2.

Quand on voudra remettre les Cavaliers en mouvement, on commandera : *Par Cavalier à gauche, marche*; ils feront alors à gauche à la fois, en tournant leurs chevaux ſuivant les principes indiqués.

Au commandement, *en avant*, les Cavaliers ſuivront

celui qui eſt conduit par la longe, en baiſſant les poignets; ils ſe trouveront alors marchant à gauche.

Le changement de main à gauche s'exécutera par les mêmes principes & par les mouvemens contraires.

Les Inſtructeurs s'occuperont avec ſoin, dans ce travail à la longe, de bien affermir les Cavaliers dans la poſition du corps, de la ceinture, des cuiſſes & des jambes, en paſſant d'une partie ſucceſſivement à l'autre, pour inſtruire le Cavalier ſans le troubler.

La leçon ſera diviſée en trois repriſes. On commencera alternativement un jour à droite, & l'autre jour à gauche. Quand on travaillera à droite, la première & la troiſième repriſe ſe feront à droite, & la ſeconde ſe fera à gauche : celle-ci doit être plus longue que les deux autres. Il y aura donc deux changemens de main, le premier à droite, & le ſecond à gauche.

Quand on voudra terminer la dernière repriſe, on commandera, *en avant.* Le Cavalier qui eſt à la tête, marchera droit devant lui, & ſera ſuivi des autres. Quand ils ſeront tous ſur la même ligne, on commandera, *halte ;* alors on leur fera faire des *à-droite* & des *à-gauche,* ainſi qu'il a été expliqué dans la première leçon. Après avoir donné cette inſtruction, on leur fera mettre pied à terre ; on les fera enſuite défiler alternativement un jour par la droite & l'autre par la gauche.

Obſervation.

Ce travail à la longe exigeant une grande ſurveillance, pour que toutes les fautes des Commençans y ſoient corrigées & qu'elles ne dégénèrent pas en mauvaiſe habitude, on y emploîra toujours deux Inſtructeurs pour trois hommes. *Voyez* Pl. VI. *Fig.* 3.

TROISIÈME LEÇON.
Travail des Cavaliers à la longe, les Chevaux ſellés.

On pourra raſſembler, pour cette troiſième leçon, juſqu'à neuf Cavaliers, mais pas au-delà.

Les Cavaliers placés devant leurs chevaux, ainſi qu'il
a été expliqué dans les premières leçons, ſe compteront
par trois, en commençant par la droite.

On commandera :

Préparez-vous pour monter = à cheval.

Un temps & ſix mouvemens.

PREMIER. Faire demi-tour à gauche ſur le talon
gauche, en élevant un peu les pointes des pieds.

SECOND. Saiſir de la main droite le bout des rênes,
le pouce alongé entre les deux rênes, les ongles en
deſſous : empoigner ſur le champ les rênes de la main
gauche, à ſix pouces de la bouche du cheval, le pouce
vis-à-vis la tête du cheval. Les nombres pairs reculeront
leurs chevaux de la longueur de quatre pas ; les nombres
trois feront gagner à leurs chevaux un peu de terrein vers
la droite, & les nombre *un* feront auſſi gagner à leurs
chevaux un peu de terrein vers la gauche.

TROISIÈME. Élever la main droite, & paſſer les
rênes ſur le cou du cheval, en commençant par engager
l'oreille droite, ſe ſervir de ſon pouce pour ſéparer les
deux rênes.

QUATRIÈME. Faire deux pas, en partant du pied
droit, pour ſe placer vis-à-vis l'épaule gauche du cheval,
faire un à-gauche ſur la pointe du pied, rapporter en
même temps le talon droit à deux pouces du gauche,
ſans abandonner les rênes.

CINQUIÈME. Élever les rênes de la main droite de
toute la longueur du bras, laiſſer couler la main gauche ſur le
cou du cheval, paſſer le petit doigt entre les deux rênes, &
ſaiſir une poignée de crin avec les quatre autres doigts.

SIXIÈME. Abandonner le bout des rênes de la main
droite, pour abattre l'étrier gauche, en ſuivant l'étrivière
avec la main, juſqu'au tenon, pour qu'elle ſoit ſur ſon
plat, chauſſer le pied gauche dans l'étrier.

À cheval.

Un temps & deux mouvemens.

PREMIER. S'enlever de la jambe droite, en appuyant
le pied gauche ſur l'étrier, & la main droite ſur le trouſ-
ſequin, ſans tirer la ſelle à ſoi, le corps reſtant droit.

SECOND. Paſſer la jambe droite tendue par-deſſus la
croupe du cheval, ſans la toucher, & ſe mettre légèrement

en

en felle, en reportant la main droite fur la Batte droite,
le pouce en dehors, les quatre doigts en dedans, abattre
l'étrier droit pour le chauffer, & féparer les rênes dans les
deux mains.

Reprenez = vos rangs.

Les nombres *un* regagneront vers leur droite autant
de terrein qu'ils en avoient gagné vers leur gauche, en
fe préparant à mettre pied à terre. Les nombres *trois* regagneront de même vers leur gauche le terrein qu'ils
avoient pris vers leur droite : les nombres pairs rentreront
à leur place fans à-coup.

Voy. PL. VII, *Fig.* 2.

Obfervations.

On fera travailler les Cavaliers à la longe, comme
dans l'inftruction précédente, en obfervant que lorfqu'on
commencera à marcher à main droite, on rompra par
la gauche; & que quand on commencera à marcher à main
gauche, on rompra par la droite.

L'on appelle marcher à main droite, lorfque le côté
droit de l'homme fe trouve en dedans du manége, &
marcher à main gauche, lorfque le côté gauche de
l'homme fe trouve en dedans du manége.

Marcher à droite, les Cavaliers étant fur un rang. *Voy.* PL. VIII.

On commandera :

I.

Par la gauche = défilez.

2.

MARCHE.

Au premier commandement, les Cavaliers raffembleront leurs chevaux.

Au fecond commandement, le premier Cavalier de la
gauche du rang marchera droit devant lui, tous les autres
le fuivront & fe mettront en file derrière lui, en ouvrant
la rêne gauche & approchant la jambe gauche, de manière
à faire exécuter à leur cheval un quart d'à-gauche.

Marcher à gauche.

On commandera :

1.

Défilez.

2.

MARCHE.

Voyez PL. IX.

Au premier commandement, les Cavaliers raffembleront leurs chevaux.

Au fecond commandement, le premier Cavalier de la droite du rang marchera droit devant lui, tous les autres le fuivront & fe mettront en file derrière lui, en ouvrant la rêne droite & approchant la jambe droite de manière à faire exécuter chacun à fon cheval un quart d'à-droite.

Obfervation.

Dans cette leçon, les Cavaliers devant encore travailler fans étriers, on les leur fera relever & croifer fur l'encolure du cheval. Les Inftructeurs s'occuperont de nouveau de la pofition des Cavaliers : ils s'attacheront à leur faire concevoir que plus il y a d'adhérence de la partie immobile de l'homme avec le cheval, c'eft-à-dire, plus il y a de points qui pofent fur la felle, plus ils font fermes à cheval ; que ce n'eft qu'en relâchant les cuiffes, que les mufcles s'aplatiffent, & que les Cavaliers parviennent à acquérir l'affiette defirable.

Les Inftructeurs prendront garde auffi que le haut du corps ne fe porte pas trop en avant, que la ceinture ne s'éloigne pas du pommeau de la felle, & que la hanche & l'épaule de dehors ne reftent point en arrière.

Croifer les Rênes alternativement dans les deux mains.

L'on fera croifer les rênes dans la main gauche en marchant à droite, au commandement, *croifez vos rênes dans la main gauche ;* & dans la main droite en marchant à gauche, au commandement, *croifez vos rênes dans la main droite.*

Au commandement, *féparez vos rênes ,* les Cavaliers

replaceront leurs poignets, ainſi qu'il a été indiqué dans la première leçon.

Obſervation.

Les changemens de main ſe feront au pas, d'après les principes de la première leçon.

Dans les changemens de main à droite, les Cavaliers ſe ſerviront de la jambe droite, en ſoutenant de la jambe gauche les hanches du cheval.

Dans les changemens de main à gauche, les Cavaliers ſe ſerviront des moyens contraires.

Il faudra, dans le courant de cette repriſe, paſſer ſouvent du pas au trot, & du trot au pas.

Paſſer du Pas au Trot.

On commandera :

I.

Au trot.

2.

MARCHE.

Au premier commandement, aſſurer les poignets & tenir les jambes près, pour préparer le cheval à augmenter ſon allure.

Au ſecond commandement, baiſſer les poignets & fermer progreſſivement les jambes, juſqu'à ce que le cheval obéiſſe. Replacer après, ſans à-coup, les poignets & les jambes.

Paſſer du Trot au grand Trot.

On commandera :

Alongez.

Baiſſer un peu les poignets & fermer les jambes ſans à-coup. Le cheval ayant obéi, replacer les poignets & les jambes.

Obſervation.

Les Inſtructeurs doivent veiller à ce que les chevaux

ne forgent point au grand trot. Pour l'éviter, il faut que les Cavaliers affurent les poignets & ferment les jambes.

Paffer du grand Trot au Trot.

On commandera :

Rallentiffez.

Former un demi-temps d'arrêt, les jambes près, afin d'empêcher le cheval de s'arrêter ou de prendre le pas. Le cheval ayant obéi, replacer les poignets & les jambes.

Paffer du Trot au Pas.

Mêmes principes.

Obfervations.

Aux commandemens d'exécution, le Cavalier doit éviter d'agir brufquement & avec à-coup, pour ne pas détourner fon cheval.

Toutes les fois qu'on paffera d'une allure lente à une plus vive, telle que du pas au trot, il faut commencer cette allure très-lentement, & l'augmenter peu-à-peu. Toutes les fois au contraire qu'on paffera d'une allure vive à une plus lente, telle que du trot au pas, il faut commencer cette allure en l'alongeant beaucoup & la portant peu-à-peu au degré qui fera indiqué.

Les Recrues ont pour la plupart, en trottant, l'habitude de s'attacher à la main & de ferrer les cuiffes.

Pour y remédier, il faut les faire trotter, en leur faifant abandonner les rênes totalement & abattre les mains fur les côtés. On choifira, pour donner cette inftruction, le moment où le cheval fera d'aplomb, & où il trottera fagement. Après plufieurs tours de longe, on fera reprendre les rênes au Cavalier. Il fera bon de répéter quelquefois cette leçon.

Il faudra ordonner auffi, de temps en temps, au Cavalier de changer fon affiette, pour la porter du côté qui lui fera indiqué, & la reprendre enfuite.

Cette inftruction habituera les Cavaliers à fe replacer

promptement

promptement en felle, fi quelque contre-temps déran-geoit fa pofition.

Tout cheval qui trotte en cercle, doit avoir la tête placée un peu en dedans : pour cet effet, le Cavalier doit fentir un peu plus la rêne de dedans que celle de dehors ; il doit auffi, pour le contenir fur la ligne circu-laire, fermer un peu la jambe de dedans, en foutenant cependant le cheval de la rêne & de la jambe de dehors.

Marcher par trois à la longe.

Quand la pofition des Cavaliers fera bien affurée, quand les mouvemens des bras & des jambes feront libres, les Cavaliers marchant à gauche, on commandera :

1.

Par trois.

2.

MARCHÈ.

Au premier commandement, les nombres *deux* & *trois* fe prépareront à doubler leur allure.

Voyez Pl. X.
Fig. 1 & 2.

Au fecond commandement, les nombres *un* continue-ront de marcher, les nombres *deux* & *trois* doubleront leur allure ; ils ouvriront la rêne gauche en fermant les jambes pour fe porter en obliquant à gauche à la hauteur & à la gauche des nombres *un*. Lorfqu'ils y feront parvenus, les trois hommes qui fe trouveront à la tête de la reprife, marcheront la même allure qu'avoit la reprife avant de doubler. Les deux autres rangs de trois ferreront à leur diftance, & reprendront enfuite l'allure du premier rang.

Obfervation.

On ne fera jamais ces mouvemens qu'en marchant au pas ; on pourra même dans les commencemens en faire concevoir l'exécution aux Cavaliers par des mouvemens préparatoires.

Former le rang.

Les Cavaliers marchant ainfi par trois à main gauche, on commandera :

Cavalerie.   N

Voyez Pl. XI.

I.

Formez = le rang.

2.

MARCHE.

Au premier commandement, tous les Cavaliers, hors les trois premiers, se prépareront à doubler leur allure.

Au second commandement, les trois premiers Cavaliers continueront de marcher, les six autres ouvriront la rêne gauche, en fermant les jambes, & se porteront, en obliquant à gauche, à la hauteur & à la gauche des trois premiers. Ces deux rangs de trois Cavaliers chacun doivent arriver successivement.

Dédoubler par trois.

On commandera :

I.

Par trois.

2.

MARCHE.

Au premier commandement, les six Cavaliers de l'aile gauche rassembleront leurs chevaux.

Au second commandement, les Cavaliers de l'aile gauche feront individuellement un quart d'à-droite. Ils ouvriront la rêne droite & viendront se porter par trois en file derrière les premiers.

Les principes qui viennent d'être indiqués, seront suivis pour dédoubler de *trois* à *un*.

Observations.

Quand les Cavaliers marcheront à main droite, on exécutera les doublemens, en obliquant à droite, & les dédoublemens en obliquant à gauche, d'après les mêmes principes.

En marchant ainsi par trois & par rang, à la longe, les Cavaliers s'habitueront machinalement aux mouvemens de conversion ; mais on ne leur en détaillera point encore les principes. La longe passant devant le nez des chevaux, elle fuffira pour régler le degré de vîteffe de l'allure de chaque Cavalier, & fon alignement.

Ces leçons ne peuvent être données que quand les Cavaliers feront affez maîtres de leurs chevaux pour pouvoir les exécuter; jufqu'à ce moment, on fe contentera de les faire trotter individuellement.

Le refte de la leçon fera femblable à la feconde.

Lorfqu'on voudra finir la reprife, on fera former le rang & arrêter lorfque les Cavaliers tourneront le dos à l'un des petits côtés du manége, on leur fera abattre & chauffer les étriers.

Mettre pied à terre.

Les Cavaliers étant fur un feul rang, on commandera:

Préparez-vous pour mettre pied à terre.

Un temps & deux mouvemens.

PREMIER. Les nombres pairs reculeront de la longueur d'un cheval ; les nombres *un* gagneront un peu de terrein vers leur gauche, les nombres *trois* en feront autant vers leur droite.

SECOND. Les Cavaliers croiferont les rênes dans la main gauche, faififfant une poignée de crin de la même main. La droite relèvera l'étrier droit & viendra fe placer fur la batte droite de la felle, les ongles en dedans.

Pied à terre.

Un temps & trois mouvemens.

PREMIER. S'enlever fur l'étrier gauche, paffer la jambe droite tendue par-deffus la croupe du cheval, fans la toucher, & rapporter la cuiffe droite près de la gauche, le corps bien foutenu.

SECOND. Arriver à terre du pied droit, rapprocher le pied gauche à côté du droit, relever l'étrier gauche. La main droite faifira alors le bout des rênes & fe pofera fur le pommeau de la felle ; la main gauche les faifira en même temps à fix pouces de la bouche du cheval.

TROISIÈME. Faire deux pas du pied gauche pour fe trouver vis-à-vis la tête des chevaux, paffer les rênes par-deffus la tête des chevaux, commençant par dégager l'oreile droite Les nombres *un* feront regagner à leurs chevaux, vers la droite, autant de terrain qu'ils en avoient gagné vers la gauche, & les nombres *trois* feront regaguer à leurs chevaux autant de terrain, vers la gauche, qu'ils en avoient gagné vers leur droite.

Reprenez ⸗ *vos rangs.*

Un temps & un mouvement.

Faire demi-tour à droite en tournant le dos à son cheval. Les nombres pairs ramèneront leurs chevaux dans le rang avec la main gauche qui se replacera sur le creux de l'estomac, la main droite sur le côté.

Observations.

On exercera les Cavaliers dans cette leçon, à sauter à terre, à droite & à gauche, ainsi qu'il a été prescrit à la fin de la première leçon.

On observera, lorsqu'on voudra les exercer à sauter à terre, de les placer tous en file, le long d'un des grands côtés du manége; de leur faire exécuter ensuite un à-droite ou un à-gauche par Cavalier, de manière à se trouver sur un rang à files ouvertes, le dos tourné à celui des grands côtés du manége, le long duquel on les avoit mis en file.

Après les avoir fait sauter à terre & sauter à cheval, on les remettra en file, on leur fera former le rang, faisant face à l'un des petits côtés du manége, & mettre pied à terre comme il vient d'être prescrit.

Les Cavaliers défileront ensuite, & ramèneront les chevaux à l'écurie, de la même manière que dans la première leçon.

Quand on jugera les Cavaliers assez instruits pour travailler en liberté, on les fera passer à la quatrième leçon.

QUATRIÈME LEÇON.

Travail des Cavaliers au large & avec les étriers.

Les Cavaliers, avant de monter à cheval, seront formés sur deux rangs ouverts.

L'on

L'on commencera par leur faire ajuster leurs étriers à la longueur convenable.

Longueur des étriers.

Pour que les étriers soient au point convenable, il faut que le Cavalier, lorsqu'il s'élève sur ses étriers, ait six pouces de distance entre l'enfourchure & la selle.

Position du pied dans l'étrier.

L'étrier ne doit porter que le poids de la jambe ; le pied doit être chaussé jusqu'au milieu, le talon plus bas que la pointe du pied.

Observation.

Lorsqu'on commencera à faire travailler les Cavaliers avec les étriers, on tiendra les étriers un peu alongés, afin que la position & l'assiette des Cavaliers ne soient pas dérangées par ce changement dont il doit contracter l'habitude progressivement.

Monter à cheval.

Les étriers étant mis au point ordonné, on fera compter chaque rang par trois, de la droite à la gauche, & monter à cheval, comme il a été prescrit dans la troisième leçon.

Au commandement, *reprenez vos rangs*, lorsque le second rang sera formé, il serrera à deux pieds de distance du premier rang ; ces rangs étant serrés, on commandera :

Garde à vous.

1.

Par trois,

2.

MARCHE.

Au second commandement, les trois files de droite se porteront en avant & feront suivies des trois files qui étoient à leur gauche , par le mouvement d'oblique à droite ; il en sera de même de toutes les autres files. *Voyez* Pl. XII. *Fig. 1.*

Cavalerie. O

TITRE II.

Voyez Pl. XII.
Fig. 2.

Si l'on vouloit rompre par trois, la gauche en tête, on commanderoit, *par la gauche, par trois, MARCHE*. Alors les trois files de la gauche se porteroient en avant; les premières seroient suivies de toutes les autres : si l'on est dans le cas de marcher par un, ce mouvement s'exécutera par files d'après les mêmes principes; chaque Cavalier du second rang suivant immédiatement le Cavalier du premier rang qui lui sert de chef-de-file dans toutes les circonstances.

Les Cavaliers arriveront au manége conduits par deux Officiers ou bas Officiers à cheval, lesquels seront commandés pour conduire les reprises.

Former le Peloton.

Voy. Pl. XIII.

La tête de la colonne, en arrivant dans le manége, se dirigera parallèlement à l'un des grands côtés; lorsqu'elle sera vers le milieu du manége, on commandera :

1.

Formez = *le Peloton.*

2.

MARCHE.

Au second commandement, les trois premières files marcheront quatre pas en avant & feront *halte*. Toutes les autres files viendront se former à la gauche des premières, par un mouvement oblique à gauche, si l'on a la droite en tête, & oblique à droite, si l'on a la gauche en tête.

Observation.

Le peu de longueur qu'ont ordinairement les manéges, ne permettant pas de faire doubler l'allure pour former le peloton, on est contraint d'arrêter les premières files; mais toutes les fois qu'on en aura la possibilité, on formera le peloton sans arrêter, alors la queue de la colonne doublera son allure.

Voy. Pl. XIV.

L'Officier commandant la reprise fera au premier rang

du peloton le commandement, *premier rang, demi-tour à droite, marche.*

Le premier rang exécutera fon mouvement au pas.

Le fecond rang ne bougera. La converfion finie , on commandera, *halte.*

Défiler.

Si l'on veut marcher à droite, on commandera :

1.

Par la gauche, par un.

2.

MARCHE.

Au premier commandement, les Inftructeurs fe mettront à la tête des reprifes.

Au fecond commandement, les Cavaliers de gauche des deux rangs exécuteront leur mouvement en marchant trois pas en avant, & fe dirigeant enfuite diagonalement à gauche, ouvrant la rêne gauche & fermant la jambe gauche pour joindre le mur du manége. Les autres Cavaliers de chaque rang rompront fucceffivement de la même manière, & fe trouveront en file derrière les premiers. Ils obferveront d'arriver au mur au même endroit que le bas Officier qui conduit la reprife.

Si l'on veut marcher à gauche, on commandera :

1.

Par la droite, par un.

2.

MARCHE.

Au fecond commandement, les Cavaliers de la droite de chaque rang rompront enfemble, ils marcheront droit devant eux jufqu'aux petits côtés du manége. Alors ils tourneront à gauche, & fuivront la pifte, tous les autres Cavaliers fe mettront en file d'après les principes indiqués.

Les deux Inftructeurs qui auront la tête des reprifes, règleront leur allure de manière à pouvoir arriver en même temps aux angles oppofés du manége.

Obſervations.

Quand les Cavaliers prendront leur poſition, on commandera, *garde à vous , halte.*

Lorſqu'ils feront arrêtés, on s'occupera de les replacer.

Au commandement, *garde à vous , en avant , marche ,* on continuera de marcher.

On preſcrira aux Cavaliers de former un demi-temps d'arrêt , en arrivant dans les coins, d'ouvrir la rêne droite, de fermer la jambe droite , ſi c'eſt à droite , & d'employer les moyens contraires, ſi c'eſt à gauche.

Il ne faut point exiger que les chevaux entrent parfaitement dans les coins. Il faut expliquer aux Cavaliers que, paſſer un coin à droite, c'eſt exécuter un à-droite, & paſſer un coin à gauche , c'eſt exécuter un à-gauche. Les Cavaliers doivent agir comme s'il n'y avoit point de murs ; leurs mains & leurs jambes doivent ſeules décider leurs chevaux à tourner à droite ou à gauche.

On aura ſoin de répéter aux Cavaliers, lorſqu'ils paſſeront dans les coins, d'avancer l'épaule & la hanche de dehors , & de ne point ſe pencher en dedans.

Il faut avoir auſſi la plus grande attention à contenir les chevaux droits. Un cheval eſt droit, quand ſes épaules & ſes hanches ſont ſur la même ligne.

Si les épaules du cheval tombent à gauche , il faut ouvrir un peu la rêne droite, & fermer la jambe droite derrière les ſangles , en oppoſant toujours les épaules aux hanches.

Il faut employer les moyens contraires , ſi le cheval laiſſe tomber les épaules à droite.

Si ce ſont les hanches du cheval qui ſortent de la ligne, on ſe ſervira des mêmes moyens.

Changemens de direction dans la longueur du manége.

Après quelques tours de manége , l'on fera changer de direction dans la longueur du manége. Dès que les

Officiers

Officiers ou bas Officiers qui conduifent la reprife, arriveront au premier angle du manége, on commandera, *tournez*. Au moment où ils auront paffé le coin, & où ils arriveront prefqu'au milieu des petits côtés, on commandera, *à droite*. Les Officiers ou bas Officiers placés à la tête de la reprife, tourneront leurs chevaux en avançant, felon les principes indiqués ; ils marcheront droit devant eux, & pafferont l'un à côté de l'autre, fans fe toucher, fe laiffant mutuellement à gauche. Arrivés au bout du manége, on commandera, *tournez à gauche*. Ils exécuteront le même mouvement, & fuivront les murs au commandement, *en avant*. Tous les Cavaliers tourneront au même point que les Conducteurs de la reprife, & garderont leur chef-de-file.

Obfervations.

L'allure ne doit éprouver aucun retard par les changemens de direction, autrement la queue de la reprife feroit arrêtée.

Après quelques tours de manége, on recommencera un changement de direction dans la longueur du manége.

Changement de direction oblique à droite.

Les Cavaliers ayant tourné dans le milieu du manége, *Voyez* PL. XV. fe trouveront en file, comme il a été expliqué ; alors on commandera, *oblique à droite, marche*. Au commandement, *marche*, chaque Cavalier ouvrira la rêne droite & fermera la jambe droite, pour faire exécuter à fon cheval un quart d'à-droite ; le mouvement achevé, il aura les deux jambes également près, afin de porter fon cheval droit devant lui. L'Officier ou bas Officier qui marche à la tête de la reprife, dirigera fon cheval un peu en avant du coin du manége.

Tous les autres Cavaliers décriront des lignes parallèles à la fienne, & arriveront au mur en même-temps.

Au commandement, *en avant*, les Cavaliers redrefferont leurs chevaux par un quart d'à-gauche, en ouvrant la

Cavalerie.⸱   P

rêne gauche & en fermant la jambe gauche. Le mouvement fini, ils auront la main légère.

Changement de direction dans la largeur du manége.

Après avoir changé de direction, ainsi qu'il vient d'être expliqué, l'on fera quelques tours de manége à gauche, & l'on exécutera deux changemens de direction dans la largeur du manége, selon les principes précédemment indiqués.

Observations.

Les Cavaliers doivent tourner à la même allure, & toujours en avançant.

Ces mouvemens seront suivis d'un changement de direction dans la longueur du manége, & ensuite d'un changement de direction oblique, à gauche.

Ce changement de direction oblique, à gauche, s'éxécutera suivant les principes du changement de direction oblique à droite, & par les mouvemens contraires.

Ce mouvement ayant été exécuté, les Cavaliers se trouveront marchant à main droite.

Des à-droite en marchant.

Voy. Pl. XVI. Les Cavaliers ayant passé dans le coin du manége, & se trouvant en file sur les grands côtés, on commandera :

1.

Par Cavalier à droite.

2.

MARCHE.

Au second commandement, chaque Cavalier tournera à droite, & tous se porteront en avant ; au commandement, *en avant,* ils dirigeront leurs chevaux dans les intervalles du rang qui vient à leur rencontre, & passeront ainsi les uns dans les autres. Arrivés près du mur, on fera les commandemens :

1.

Par Cavalier à droite.

2.

MARCHE.

Au fecond commandement, chaque Cavalier tournera à droite ; le mouvement fini, on commandera : *en avant.* La reprife fe trouvera marchant dans l'ordre renverfé : en répétant encore une fois le même mouvement, elle reviendra dans fon ordre primitif.

Demi-tour à droite en marchant.

Les Cavaliers ayant paffé le coin du manége , & fe trouvant en file fur les grands côtés , on commandera un *à-droite.* Quand les Cavaliers auront paffé dans les intervalles les uns des autres , on commandera :

1.

Par Cavalier , demi-tour à droite.

2.

MARCHE.

Au fecond commandement, les Cavaliers feront un demi-tour à droite, chaque Cavalier faifant décrire à fon cheval un cercle, au moins de cinq pas de circonférence. Tous fe porteront en avant, au commandement, *en avant,* & fe remettront en file par un à-droite.

Obfervations.

L'Officier ou bas Officier qui marche à la tête de la reprife, doit faire à droite doucement, afin de donner le temps aux autres d'exécuter leur mouvement; mais au moment où le rang fait le fecond à-droite, le Cavalier qui marchoit à la queue de la reprife, & qui, par confé-quent , fe trouve à la tête, fera fon mouvement en alongeant un peu fon allure, afin de ne pas retarder les autres.

Quand la reprife aura commencé à gauche, on fera

des *à-gauche,* au lieu de faire des *à-droite.* Quand on aura fait au pas tout ce qui vient d'être prefcrit, on répètera au trot les mêmes mouvemens, en fe conformant aux mêmes principes.

Après ces divers mouvemens, on fera alonger au grand trot, fans cependant laiffer forger les chevaux. Après plufieurs tours à cette allure, on fera repaffer au trot, & marcher au pas.

Les Inftructeurs veilleront, dans les allures alongées, à ce que les Cavaliers ne s'attachent pas à la main.

Pour habituer les Cavaliers à mener leurs chevaux, & les accoutumer à quitter leur file, on leur fera fouvent abandonner le rang qu'ils occupent, pour venir fe placer les derniers de la reprife.

On changera de direction dans la longueur du manége, & lorfque les deux files fe trouveront à côté l'une de l'autre, on commandera, *halte.* À ce commandement, chaque Cavalier mettra fon cheval droit, s'il ne l'eft pas.

Appuyer à droite.

On commandera :

1.

Appuyez — *À DROITE.*

2.

MARCHE.

Au premier commandement, les Cavaliers détermineront les épaules de leurs chevaux à droite, en ouvrant la rêne droite & fermant un peu la jambe droite. Ce mouvement n'eft que préparatoire ; il indique au Cavalier que les épaules de fon cheval doivent toujours ouvrir la marche & précéder les hanches.

Au fecond commandement, les Cavaliers ouvriront la rêne droite en fermant la jambe gauche, pour faire fuivre les hanches ; la jambe droite près pour foutenir le cheval.

On fera appuyer ainfi les Cavaliers jufqu'au mur, puis on commandera, *halte.* A ce commandement, les Cavaliers redrefferont leurs chevaux.

Appuyer

Appuyer à gauche.

Au commandement, *appuyez à gauche*, les Cavaliers reprendront le terrain qu'ils auront parcouru, par les mouvemens contraires.

Observations.

Si le cheval recule en appuyant, il faut fermer les jambes & avoir la main légère, en déterminant toujours les épaules du côté vers lequel on appuie. C'est ordinairement la gêne que le cheval éprouve, lorsque ses épaules ne marchent pas les premières, qui le fait reculer.

Si le cheval avançoit trop en appuyant, il faudroit diminuer l'effet des jambes & augmenter celui de la main, en arrêtant & rendant alternativement.

Quart d'à-droite & d'à-gauche de pied-ferme, pour désigner le degré d'obliquité.

De l'oblique à droite, ou à gauche.

Les chevaux ayant appuyé à droite, on leur fera exécuter, de pied-ferme, des quarts d'à-droite ou d'à-gauche, afin de faire concevoir aux Cavaliers quel est le degré d'obliquité qu'on exige dans l'oblique à droite ou à gauche.

On fera recommencer aux Cavaliers des à-droite & des à-gauche, ainsi que des demi-tours à droite & à gauche, comme il a été expliqué aux leçons précédentes.

Resserrer le rang, à droite & à gauche.

Les Cavaliers ayant fait individuellement un à droite *Voy.* Pl. XVII. ou un à-gauche, on fera resserrer chaque rang à droite ou à gauche, de manière que les hommes des deux rangs ne soient pas l'un derrière l'autre. Pour exécuter ce mouvement, on commandera, *appuyez à droite* ou *à gauche.* Les Cavaliers ne se serviront que des principes donnés précédemment : ils observeront seulement, au moment où ils seront près de joindre le Cavalier sur lequel ils appuient, de fermer la jambe de son côté, affez à temps pour empêcher leur cheval de preffer fur le fien.

Obfervations.

On fera toujours regarder vers le côté fur lequel on devra appuyer.

Après avoir exécuté ce qui vient d'être préfcrit, on fera faire halte à la troupe, & on lui commandera, *repos*. A ce commandement, les Cavaliers laifferont tomber le bridon fur le cou de leurs chevaux, & quitteront l'immobilité.

L'Officier inftructeur choifira le temps du repos pour donner les principes de l'alignement.

Pendant les temps froids, on fe conformera à ce qui a été indiqué dans la feconde leçon, alors on donnera les principes de l'alignement & des converfions, avant de commencer la reprife.

Principes d'Alignement.

Les Cavaliers doivent, pour s'aligner, raccorder leurs épaules fur celles de leurs voifins, du côté de l'alignement, & fixer les yeux fur la ligne des yeux des Cavaliers de leur rang, du même côté; par conféquent, tourner la tête de ce côté, fans ceffer d'être carrément fur leurs chevaux; fentir légèrement du genou, le genou de leur voifin, du côté de l'alignement, & tenir leurs chevaux droits dans le rang, afin qu'ils aient tous une direction parallèle.

Voyez
Pl. *XVIII.*

On exercera les Cavaliers à s'aligner de la même manière, & par les mêmes commandemens qui ont été préfcrits dans la quatrième leçon de l'article précédent, en faifant avancer fucceffivement trois Cavaliers de droite & de gauche de chaque rang, & faifant arriver le refte du rang, homme par homme, fur l'alignement. L'alignement fini, on commandera, *fixe*. A ce commandement, les Cavaliers replaceront les têtes directes.

Lorfqu'une troupe n'eft point alignée, ce défaut vient, prefque toujours, de ce que les chevaux ne font pas droits.

Une troupe s'alignant à droite, fi l'aile gauche eft trop en arrière, il eft à préfumer que la plupart des chevaux font trop tournés à gauche; il faut commencer par s'en affurer, & enfuite recommander aux Cavaliers d'ouvrir la rêne droite, en appuyant la jambe droite, ce qui, en tournant un peu le cheval, le fait avancer dans le carré de l'alignement, & le remet droit.

Si, après ce mouvement, quelques Cavaliers du rang fe trouvent encore trop en arrière, de manière à ne pas apercevoir la ligne des yeux des autres Cavaliers du rang, il faut, après avoir redreffé leurs chevaux, qu'ils avancent, en fermant les deux jambes également, jufqu'à ce qu'ils puiffent la découvrir.

Une troupe s'alignant à droite, fi l'aile gauche eft trop en avant, c'eft une preuve prefque certaine que les chevaux font trop tournés à droite. Il faut donc recommander aux Cavaliers d'ouvrir la rêne gauche, en fermant la jambe gauche, ce qui recule un peu le cheval dans le carré de l'alignement & le remet droit. Si, après ce mouvement, quelques Cavaliers du rang fe trouvent encore trop en avant, de manière à apercevoir plus que la ligne des yeux du rang, il faut alors qu'ils reculent bien droit, jufqu'à ce qu'ils puiffent ne découvrir que cette ligne. Si les mêmes fautes arrivent dans l'alignement à gauche, on y remédiera par les mouvemens contraires.

Quand l'Inftructeur verra que le cheval du Cavalier qu'il fait aligner eft droit, il fera baiffer les poignets & relâcher les jambes.

Après avoir donné aux Cavaliers les principes de l'alignement, on leur donnera ceux des converfions.

Principes de Converfions.

Le Conducteur de l'aile qui tourne, doit décrire fon quart-de-cercle, de manière à ne pas faire trop ouvrir ni

64

ferrer les files. Chaque Cavalier du rang doit mefurer l'étendue de fon quart-de-cercle particulier, fuivant l'éloignement où il fe trouve du pivot.

Tous ces différens arcs-de-cercle devant être parcourus en même temps, il eft donc néceffaire que chaque Cavalier marche d'une allure plus alongée, en proportion qu'il fe trouve plus éloigné du pivot de la converfion.

Pour mettre ces principes en pratique, on commandera à chaque rang, *en cercle à droite ou à gauche : marche.* Au commandement de *marche*, les Cavaliers tourneront la tête du côté de l'aile marchante, & l'y laifferont pendant toute la durée de la converfion, afin de pouvoir régler leur degré de vîteffe fur cette aile.

Voyez PL. XIX. *Fig.* 1 & 2. On fera exécuter quelques converfions fur un rang, à files ouvertes, à droite & à gauche : on ne fera refferrer les files qu'infenfiblement, lorfque les Cavaliers comprendront ce qu'ils auront à faire. Avant de changer de main, l'on fera arrêter, afin d'éviter le défordre.

Voyez PL. XX. A la fin du travail de cette leçon, on formera le peloton fur deux rangs : on le fera rompre par trois, pour retourner au quartier, où il fera reformé fur deux rangs. Le peloton mettra pied à terre, comme il a été prefcrit à la troifième leçon, excepté qu'au commandement, *préparez-vous pour mettre pied à terre,* les nombres impairs du premier rang fe porteront en avant de la longueur d'un cheval, pendant que les nombres pairs du fecond rang reculeront de la même longueur. Les nombres *un*, gagneront, en marchant en avant, un peu de terrain vers leur gauche, & les nombres *trois*, en feront autant vers leur droite.

CINQUIÈME LEÇON.

Travail des Cavaliers au large, les chevaux bridés.

LES Cavaliers arriveront dans le manége & fe formeront par les mêmes principes qu'à la quatrième leçon.

Les chevaux étant bridés, la pofition de la main gauche qui doit tenir la bride, fera ainfi qu'il fuit.

Les

Les rênes dans la main, le petit doigt entre les deux rênes, & le pouce fermé fur la feconde jointure du premier doigt pour les contenir égales, le poignet à la hauteur de l'avant-bras, les doigts en face du corps, le petit doigt plus près du corps que le haut du poignet ; la main élevée à quatre pouces au-deſſus du pommeau de la felle, & à fix pouces du corps, la main droite tombante fur le côté.

Ajuſter les Rênes.

On commandera :

Ajuſtez $=$ *VOS RÊNES.*

Un temps & deux mouvemens.

PREMIER. Saifir les rênes avec le pouce & le premier doigt de la main droite, au-deſſus & près du pouce gauche, élever perpendiculairement les rênes, en coulant la main droite jufqu'au bouton, les derniers doigts ouverts, les ongles en avant, le coude un demi-pied plus bas que la main, entr'ouvrir les doigts de la main gauche, le pouce élevé, afin de pouvoir égalifer les rênes.

SECOND. Fermer la main gauche, abattre, avec la main droite, les rênes fur le côté, & replacer la main droite.

Obfervations.

Le premier mouvement s'exécutera après la première partie du commandement, & le fecond mouvement après la deuxième.

Dans les mouvemens de la main, le bras doit agir en entier & librement, fans que l'épaule fe roidiſſe, & fans communiquer de force au corps.

Le Cavalier doit tenir les rênes courtes & les doigts bien fermés.

Raſſembler fon cheval.

Tenir les jambes près fans les fermer, & aſſurer la main.

Marcher.

Au commandement, *marche*, il faut fermer les deux jambes plus ou moins, baiffer un peu la main, le poignet toujours foutenu.

Former un demi-arrêt.

Élever la main par degré, les ongles en deffus, jufqu'à ce que le cheval ralentiffe fon allure, & régler l'effet des jambes fur celui de la main, en les tenant toujours près du cheval.

Faire halte.

S'affeoir, fe grandir du haut du corps, élever en même-temps la main par degrés, les jambes près : dès que le cheval aura obéi, relâcher les jambes & baiffer la main.

Reculer.

Mêmes principes que pour arrêter, en obfervant d'avoir la main légère, toutes les fois que le cheval obéit.

Ceffer de reculer.

Avoir la main légère, les jambes près : le cheval ayant obéi, relâcher la main & les jambes.

Tourner à droite.

Porter la main environ un demi-pied en avant, en la foutenant à droite, les ongles un peu tournés, les deux rênes égales. L'épaule du cheval étant déterminée, fermer la jambe droite, & avoir la main légère, proportionnément à l'allure dont le cheval doit marcher.

Tourner à gauche.

Soutenir la main en avant & à gauche, le coude détaché du corps, & fermer la jambe gauche.

Appuyer à droite.

Soutenir la main en avant & à droite, les ongles un peu tournés, pour déterminer les épaules du cheval du même côté : fermer la jambe gauche, pour faire suivre les hanches ; la jambe droite près, pour soutenir le cheval.

Appuyer à gauche.

Par les mêmes principes, en exécutant les mouvemens contraires.

Prendre le bridon de la main droite.

Le Cavalier prendra le bridon de la main droite par le milieu avec les quatre doigts, les ongles en dessous, il soutiendra le bridon par-dessus les rênes de la bride, pour maintenir le cheval au même degré ; il rendra aussitôt la main gauche légère.

Observations.

On se servira alternativement de la bride & du bridon pour ralentir l'allure de son cheval & lui rafraîchir les barres, mais jamais des deux à la fois.

On ne permettra de tenir le bridon dans la main droite, qu'aux Cavaliers qui montent de jeunes chevaux, & ce ne sera que dans les instructions particulières ; la main droite, dans les évolutions, devant toujours rester libre pour l'usage du sabre.

Lâcher le Bridon.

Assurer la main gauche en rassemblant son cheval, & abandonner le bridon.

Prendre le Bridon dans la main gauche.

Passer les deux premiers doigts de la main gauche dans le bridon, en cherchant à le ramener à soi ; ouvrir un peu le petit doigt & le troisième, pour donner de la liberté au cheval.

Lâcher le Bridon.

Le Cavalier lâchera le bridon, & replacera la main gauche dans la position indiquée pour la bride, en ayant attention de bien fermer les doigts.

Prendre la Bride dans la main droite.

Laiffer couler les rênes dans la main gauche, de manière que la main droite puiffe les faifir au-deffous du poignet gauche, fans arrêter le cheval ; élever la main gauche jufqu'au bouton des rênes pour les ajufter; fermer la main droite, le petit doigt entre les deux rênes, & le pouce alongé fur la feconde jointure du premier doigt, pour les contenir égales; le poignet à la hauteur de l'avant-bras, les doigts en face du corps, le petit doigt plus près du corps que le haut du poignet, la main élevée à quatre pouces au-deffus du pommeau de la felle, & à fix pouces du corps, la main gauche tombante fur le côté.

Obfervations.

On mènera fon cheval de la main droite dans l'inftruc-tin individuelle, lorfqu'on marchera à gauche dans le manége, en fuivant les principes indiqués pour la main gauche.

Reprendre les Rênes dans la main gauche.

On reprendra les rênes dans la main gauche, au-deffous de la main droite, fuivant la pofition indiquée : on laiffera couler la main droite jufqu'au bouton des rênes ; on les ajuftera, & on replacera la main droite fur le côté.

Obfervations.

Il eft effentiel, dans la leçon de pied-ferme, de bien expliquer aux Cavaliers les termes dont on fe fert, afin que quand on les emploîra, ils les conçoivent, & portent toute leur attention à bien exécuter.

La reprife fera la même que celle de la leçon précédente. Les Inftructeurs veilleront à ce que l'allure foit bien égale, à ce que les mouvemens des Cavaliers foient lians, à ce qu'ils confervent la pofture indiquée, à ce que la main de la bride foit parfaitement placée, à ce qu'ils agiffent du bras feul, fans communiquer de roideur ni à l'épaule, ni au corps.

Marcher

Marcher par trois.

Quand la pofition de la main commencera à être affurée, & que les Cavaliers travailleront avec aifance, on les fera marcher par trois , & on les fera dédoubler fouvent.

A la fin de la reprife , les Cavaliers étant formés fur un rang, on leur apprendra à fe former fur deux , ainfi qu'il fuit.

Se former fur deux rangs.

On commandera :

1.

À droite = *SUR DEUX RANGS.*

2.

MARCHE.

Au premier commandement, le premier rang fe portera quatre pas en avant, le premier Cavalier de l'aile droite du fecond rang fera à droite, plaçant fon cheval de manière que la croupe foit à hauteur du milieu de l'encolure du cheval qui étoit à fa gauche. Tous les autres Cavaliers qui doivent compofer le fecond rang, porteront la main à droite, & devant fuivre la pifte du premier, tourneront leurs chevaux en avançant. *Voy.* Pl. XXII. *Fig. 1.*

Au fecond commandement, le premier Cavalier du fecond rang qui a fait à-droite, fe mettra en mouvement, & fera fuivi exactement par tous les autres.

Le premier Cavalier fe dirigera à quatre pas en arrière de la croupe du cheval du Cavalier de droite du premier rang , & lorfqu'il y fera parvenu, il fera front. Ce dernier mouvement exécuté, il ralentira fon cheval, afin d'arriver avec tranquillité, à deux pieds de diftance de fon chef-de-file.

Tous les Cavaliers exécuteront les mêmes mouvemens.

Se reformer sur un rang.

On commandera :

I.

À gauche = SUR UN RANG.

2.

MARCHE.

Voy. Pl. XXII.
Fig. 2.

Au premier commandement, le premier Cavalier de l'aile gauche du second rang, fera un à-gauche, & se placera de la même manière qui a été indiquée dans le mouvement précédent, pour le premier Cavalier de la droite du second rang.

Au second commandement, tous les Cavaliers de ce rang suivront exactement le premier Cavalier, après avoir fait un à-gauche.

Quand le tiers de ce rang sera en file, on fera les commandemens, *front, halte, alignement.*

Au dernier commandement, le second rang s'alignera sur le premier.

De l'Alignement sur deux rangs.

Les Cavaliers ayant appris à se former sur deux rangs, on les exercera aux principes d'alignement, comme dans la leçon précédente : alors les Cavaliers du second rang observeront qu'indépendamment de l'alignement, ils doivent encore être exactement derrière leur chef-de-file, & dans la même direction que lui ; ils conserveront toujours aussi deux pieds de distance entre la croupe du cheval du premier rang, & la tête de leurs chevaux.

Des Conversions sur deux rangs.

V. Pl. XXIII.
Fig. 1 & 2.

Pour donner le principe de la conversion sur deux rangs, on expliquera aux Cavaliers du second rang, qu'au commandement, *marche,* ils doivent non-seulement porter la tête, mais encore la main, du côté de l'aile marchante, afin que celle-ci puisse être à deux files en-dehors de la direction de son chef-de-file. Par conséquent, au moment où la conversion commencera, chaque Cavalier exécutera individuellement un demi à droite, ou un demi à gauche.

On commencera ces conversions à files ouvertes,

enfuite on les exécutera à files ferrées ; enfin on fera les changemens de main par pelotons, fans arrêter.

Saut de la barrière.

On n'élèvera d'abord la barrière qu'à la hauteur d'un pied ; on augmentera enfuite fon élévation progreffive-ment, à mefure que les Cavaliers & les chevaux feront plus habitués à cet exercice. V. Pl. XXIV.

Le peloton étant formé en arrière de la barrière, à douze ou quinze pas, on fera marcher par un, par la droite ou par la gauche, le Cavalier fe préfentant droit à la barrière, au petit trot ; il prendra le bridon de la main gauche, fans quitter la bride. En arrivant à la barrière, le Cavalier enlèvera fon cheval, en fermant les jambes ; fi le cheval refufe d'obéir, il lui appuiera les deux éperons vigoureu-fement, derrière les fangles.

Obfervations.

Au moment où le cheval s'enlève, il faut baiffer un peu la main, & la replacer au moment où il pofe à terre.

Le Cavalier doit, en fautant la barrière, fe lier à fon cheval, des cuiffes, des jarrets, & des gras de jambes, fans ouvrir les genoux, & s'affeoir en portant la ceinture bien en avant, dans le moment du faut.

Si quelque cheval fait des difficultés, les Inftructeurs l'aideront avec la chambrière, en y mettant beaucoup de patience, & ne permettant jamais que le cheval rentre à l'écurie, fans avoir fauté la barrière.

Les chevaux ne doivent fauter qu'une fois, chaque jour de manége. Cette leçon, trop réitérée, finiroit par les rebuter. Quand les chevaux fauteront bien en arrivant au petit trot, on les fera fauter en arrivant au trot ordinaire.

Saut de la haie.

Mêmes principes que pour le faut de la barrière.

Saut du foffé.

Pour fauter un foffé, il faut rendre la main en fermant

les jambes, afin de donner au cheval l'aifance néceffaire pour fe porter en avant; s'il refufe de fauter, le Cavalier doit le pincer des deux; au moment où le cheval pofe à terre, il faut affurer la main.

Obfervations.

Toutes les fois que le temps permettra de donner la leçon du faut hors du manége, on commencera par le faut du foffé, comme le plus aifé.

On paffera de-là, à celui de la haie, & on finira par celui de la barrière, qui eft le plus difficile.

On fuivra, pour la largeur du foffé, ainfi que pour la hauteur de la haie, une progreffion proportionnée à l'habitude que les Cavaliers & les chevaux contracteront de cet exercice.

On paffera de-là, à la fixième leçon.

Avant de mettre pied à terre, on habituera les chevaux à quitter le rang facilement; pour cela, on les fera fortir du rang, les uns après les autres.

Cet exercice fera répété aux leçons fuivantes, autant que l'Inftructeur le jugera néceffaire.

SIXIÈME LEÇON.

Travail des Cavaliers par trois.

Voy. PL. XXV. On obfervera la même fuite de travail que dans la cinquième leçon, jufqu'au dernier changement de direction, dans la longueur du manége inclufivement; mais au lieu de travailler individuellement, les Cavaliers travailleront par trois.

Quand on marchera la droite en tête, on commandera, *guide à gauche;* & quand on marchera la gauche en tête, on commandera, *guide à droite.* Les têtes feront toujours directes en marchant; mais dans l'un & l'autre cas, les Cavaliers fe règleront, pour la vîteffe de l'allure, fur le côté du guide, & céderont à la preffion qu'ils éprouveront de ce côté. Ils réfifteront, au contraire, à la preffion qu'ils éprouveront du côté oppofé.

Obfervations.

Observations.

Dans les coins, ou dans les changemens de direction, les pivots obferveront de tourner à la même allure. L'aile marchante augmentera fon degré de viteffe, fans cependant doubler l'allure, & ce fera fur elle qu'on s'alignera pendant la durée de la converfion.

Au commandement, *en avant*, qui doit terminer la fin de la converfion, les Cavaliers replaceront les têtes directes.

Dans les changemens de direction, les pivots doivent toujours décrire un arc-de-cercle de cinq pas.

Oblique à droite.

Les Cavaliers doivent obferver, au commandement, *oblique à droite, marche,* de ne faire qu'un quart d'à-droite, de manière que le genou droit de chaque Cavalier fe trouve derrière le genou gauche du Cavalier qui eft à côté de lui. Les Cavaliers marcheront ainfi liés les uns aux autres, & redrefferont leurs chevaux en avançant, au commandement, *en avant,* afin de ne pas retarder la queue de la file.

Observation.

Dans la marche oblique, le guide fera toujours du côté vers lequel on obliquera, ainfi qu'il a été expliqué dans la quatrième leçon de l'article précédent.

Des à-droite & demi-tour à droite par trois.

Au lieu d'exécuter les à-droite & demi-tour à droite, *V.* P_{L.} XXVI. en marchant par Cavalier, comme dans les leçons précédentes, on les exécutera par trois.

Observation.

Immédiatement après le mouvement de converfion qui mettra tous les Cavaliers fur un feul rang, l'Officier ou bas Officier placé à la droite du rang, commandera, *guide à droite* & *guide à gauche,* immédiatement après la converfion qui replacera les Cavaliers en colonne.

Cavalerie.   T

TITRE II.

Des Converſions.

On continuera d'exercer les Cavaliers aux converſions ſur deux rangs.

Des à droite & à gauche par trois de chaque rang.

Le peloton étant formé ſur deux rangs, & compté par trois, ainſi qu'il a été preſcrit, on commandera :

1.

À *droite ou à gauche*==PAR TROIS.

2.

MARCHE.

3.

EN AVANT.

4.

GUIDE À DROITE ou GUIDE À GAUCHE.

Voyez
PL. XXVII.
Fig. 1.

Au ſecond commandement, les Cavaliers de chaque rang feront leur à-droite ou à-gauche par trois, le plus promptement & le plus correctement qu'il ſera poſſible.

Au troiſième commandement, tous les Cavaliers ſe porteront en avant, ayant attention de ſerrer leurs diſtances, pour qu'il ne reſte point d'ouverture dans le peloton, lorſqu'on le reformera.

Il faut avoir attention de faire le troiſième commandement, un peu avant la fin de la converſion par trois, & le quatrième, immédiatement après qu'elle ſera terminée.

Après avoir marché quelque temps par le flanc, on commandera :

1.

À *gauche ou à droite* == PAR TROIS.

2.

MARCHE.

3.

GUIDE À DROITE.

Voyez
PL. XXVII.
Fig. 2.

Au premier commandement, tous les Cavaliers du

peloton exécuteront leur converſion pour reformer le peloton, & après avoir marché quelques pas en avant, on fera arrêter & aligner à droite.

Saut de la barrière, de la haie ou du foſſé, par trois.

On fera fauter les chevaux par trois.

Septième Leçon.

Travail des Cavaliers ſur deux rangs & avec leurs armes.

Lorſque les Cavaliers feront aſſez inſtruits pour paſſer à la feptième leçon, on leur fera prendre leurs armes.

On diſpoſera les Cavaliers, & on leur fera exécuter ce qui a été preſcrit à la quatrième leçon : à la fin de chaque repriſe, on leur fera faire un ou deux tours de manége, au galop, à chaque main.

Ouvrir les rangs.

La repriſe finie, on fera ouvrir les rangs, ainſi qu'il ſuit :

Garde à vous.

1.

En arrière = OUVREZ VOS RANGS.

2.

MARCHE.

3.

À droite = ALIGNEMENT.

4.

FIXE.

Au premier commandement, les Cavaliers des ailes du ſecond rang, reculeront de la longueur de ſix pas.

Au ſecond commandement, le premier rang ne bougera pas. Le ſecond reculera de la longueur de ſix pas, conſervant la direction de ſes chefs-de-file.

Au troiſième commandement, les Cavaliers du ſecond rang s'aligneront à droite.

Voyez Pl. XXVIII. Fig. 1.

Au quatrième commandement, ils replaceront les têtes directes.

Inspection des armes.

Les rangs étant ouverts, on commandera :

Garde à vous.

Inspection ⹀ *DES ARMES.*

A ce commandement, les Cavaliers feront haut le mousqueton.

Un temps & deux mouvemens.

PREMIER. Saisir le mousqueton à quatre doigts au-dessus de la platine, le tirer à soi pour le dégager de la botte. Couler la main droite par-dessus la platine, pour le saisir à la poignée, par-devant la courroie du porte-crosse.

SECOND. Élever le mousqueton pour appuyer la crosse sur la cuisse, le bout haut & vis-à-vis l'épaule droite.

Passer l'arme à gauche.

Un temps & deux mouvemens.

PREMIER. Passer la crosse à gauche, entre les rênes & le corps, la platine en avant. Étendre le bras droit de toute sa longueur; saisir le mousqueton de la main gauche, à quatre doigts au-dessus de la platine, le pouce sur le canon.

SECOND. Passer la crosse entre la fonte & l'épaule du cheval, saisir de la main droite le mousqueton à un doigt du bout du canon, & dégager la baguette. Tirer la baguette, la mettre dans le canon, & la remettre en son lieu, comme il est prescrit à l'inspection à pied.

À mesure que l'Officier aura fait l'inspection du mousqueton d'un Cavalier, celui-ci fera haut le mousqueton.

En un temps & deux mouvemens.

PREMIER. Élever le mousqueton de la main gauche, le saisir de la droite à la poignée, passer la crosse entre les rênes & le corps, pour tenir le mousqueton horizontalement, ou armes plates.

SECOND. Élever de la main droite le mousqueton, & le quitter de la gauche, porter la crosse sur le plat de la cuisse, le bout en haut, vis-à-vis de l'épaule droite.

Remettre

Remettre le moufqueton à la botte.

Baiffer le bout du moufqueton, en portant la main un peu à droite, engager la croffe dans la courroie, & faire entrer le bout du canon dans la botte.

Prendre le piftolet gauche.

Un temps.

Porter la main droite, par-deffus les rênes, fur la croffe du piftolet gauche, le tirer de fa fonte, & le placer dans la main gauche, en le tenant perpendiculaire à la poignée, la platine en avant.

Mettre la baguette dans le canon.

Un temps.

Tirer la baguette & la mettre dans le canon, l'élever & la laiffer retomber à mefure que l'Officier paffera ; remettre la baguette & le piftolet dans fa fonte, en le paffant par-deffus les rênes.

Prendre & remettre le piftolet droit.

Mêmes mouvemens, obfervant de placer les doigts entre la croffe & la felle, les ongles en deffous.

Mettre le fabre à la main.

Deux temps.

PREMIER. Porter la main droite par-deffus les rênes, paffer le poignet dans le cordon, faifir le fabre à la poignée, pour dégager la lame du fourreau, d'environ quatre doigts.

SECOND. Tirer vivement le fabre & le porter, appuyer le dos de la lame contre l'épaule droite, le poignet appuyé fur le haut de la cuiffe droite, le petit doigt derrière la poignée.

Le Cavalier préfentera le fabre en trois temps, lorfque l'Officier s'arrêtera devant lui.

PREMIER TEMPS. Porter le fabre en avant, le bras demi-tendu, la coquille à hauteur & à un demi-pied de diftance du menton, le fabre perpendiculaire, le plat de

la lame en avant, le tranchant à gauche , le pouce alongé
fur le côté droit de la poignée , repaffant le petit doigt
en avant.

SECOND. Tourner le poignet en dedans, pour préfenter l'autre côté de la lame.

TROISIÈME. Reporter le fabre à l'épaule , dès que
l'infpection en eft faite.

Remettre le fabre.

Deux temps.

PREMIER. Élever le fabre perpendiculaire , la pointe
en haut, repaffant toujours le petit doigt fur la poignée ,
toutes les fois qu'on portera le fabre en avant, la coquille
à hauteur , & à un demi-pied de diftance du menton.

SECOND. Approcher le poignet près & vis-à-vis
l'épaule gauche , baiffer la lame de manière qu'elle paffe
en croix le long du bras gauche, la pointe derrière , la
remettre dans le fourreau, replacer enfuite la tête directe,
& ajufter les rênes

Lorfque les Cavaliers fauront exécuter ces différens
mouvemens, en les détaillant, on les leur fera exécuter de
fuite, au commandement, *Infpection des armes ,* fans s'attendre ni fe régler les uns fur les autres.

Charger les armes.

Garde à vous.

HAUT LE MOUSQUETON.

Comme à l'infpection à cheval.

Chargez == VOS ARMES.

Douze mouvemens.

PREMIER. Laiffer tomber le moufqueton horizontalement, ou armes plates, fur la main gauche qui le faifira
près de la partie fupérieure de la platine , le pouce fur
le canon; placer auffitôt le pouce droit contre la batterie,
au-deffus du chien, les quatre doigts fermés.

SECOND. *Ouvrir le baffinet.*

TROISIÈME. *Prendre la cartouche.*

QUATRIÈME. *Déchirer la cartouche.*

CINQUIÈME *Amorcer.*

SIXIÈME & SEPTIÈME. *Paffer l'arme à gauche.*

À la fin du septième, saisir le canon, à un pouce du bout, avec les deux derniers doigts de la main droite.

HUITIÈME. *Mettre la cartouche dans le canon.*

NEUVIÈME. *Tirer la baguette.*

DIXIÈME. *Bourrer.*

ONZIÈME & DOUZIÈME. *Faire haut le mousqueton.*

Tous les mouvemens prescrits pour la charge s'exécuteront de suite après le premier commandement, sans s'arrêter sur aucuns, & sans que les Cavaliers se règlent les uns sur les autres; on emploîra, pour les exécuter, les moyens prescrits à l'inspection à cheval, & au maniement des armes à pied.

Mousqueton à la botte.

Comme à l'inspection à cheval.

Charger les pistolets.

Sortir le pistolet gauche de la fonte, le placer dans la main gauche qui le saisira près de la partie supérieure de la platine, le pouce sur le canon, le bout un peu élevé & dirigé à gauche, découvrir le bassinet, prendre la cartouche, charger le pistolet; observant, pour mettre la cartouche dans le canon & bourrer, de renverser le poignet gauche, de manière que le canon se trouve au-dessous, le bout élevé, & dirigé à droite.

Bourrer le pistolet.

Donner trois coups de baguette.

Remettre le pistolet gauche, charger le droit & le remettre dans la fonte.

Après le commandement, *chargez les pistolets*, tous les temps s'exécuteront de suite, sans que les Cavaliers se règlent les uns sur les autres.

Des Feux.

On montrera ensuite aux Cavaliers, homme par homme, à faire feu.

On leur fera faire *haut le moufqueton ,* comme à l'infpeétion à cheval, en pofant le pouce droit fur le chien, le premier doigt fur la fougarde, les trois autres doigts deffous ; armer le moufqueton avec le pouce, fans le fecours de la main gauche, en tirant le chien en arrière, jufqu'à ce qu'il foit affuré dans le cran, le premier doigt fur la fougarde ; porter de la main droite, la croffe à l'épaule, & pour foutenir le moufqueton en joue, avancer la main gauche vers la tête du cheval, fans quitter ni alonger les rênes ; placer en même temps le premier doigt de la main droite fur la détente, & ajufter à hauteur de ceinture de l'homme; appuyer avec force le doigt fur la détente, fans baiffer la tête, pour faire feu & retirer l'arme, en la laiffant tomber horizontalement, ou arme plate, fur la main gauche qui la faifira près de la partie fupérieure de la platine, le pouce fur le canon, le pouce droit fur le chien, & le premier doigt fur la détente; après avoir fait feu, mettre le chien en fon repos, fermer le baffinet, & faire haut le moufqueton, & le moufqueton à la botte, comme à l'infpeétion à cheval.

On fera mettre le piftolet à la main, placer le pouce droit fur le chien, & le premier doigt fur la partie fupérieure de la fougarde, armer le piftolet, élever le bout en haut, le poignet à hauteur, & à un demi-pied de diftance de l'épaule, la fougarde en avant, alonger le bras en avant pour mettre en joue, paffer le premier doigt fur la détente, la fougarde en-deffous, inclinée un peu à droite, le bout du piftolet dirigé généralement à hauteur de ceinture de l'homme, faire feu, & remettre le piftolet dans fa fonte.

Même exécution pour le piftolet droit, & on ajuftera les rênes.

Obfervation.

Il eft important de faire exécuter les feux à cheval, fans commandement, & homme par homme, pour bien mettre dans la tête des Officiers, qu'une Troupe à
cheval

cheval ne doit, dans aucun cas, faire ufage de fon feu,
enfemble, ni en règle, & que les Cavaliers ne doivent
s'en fervir que lorfqu'ils font ifolés.

On fera enfuite ferrer les rangs, ainfi qu'il fuit:

Serrer les rangs.

On commandera :

Garde à vous.

1.

Serrez = *VOS RANGS.*

2.

MARCHÈ.

3.

À droite = *ALIGNEMENT.*

4.

FIXE.

Au fecond commandement, le fecond rang ferrera
fur le premier, à deux pieds de diftance ; puis il s'alignera au troifième commandement, & replacera les têtes
directes au quatrième.

Voyez
PL. XXVIII,
Fig. 2.

Les rangs étant ferrés.

On commandera :

Sabre = *À LA MAIN.*

Ce commandement s'exécutera comme à l'infpection
à cheval, le premier temps immédiatement après que
la première partie du commandement fera prononcée ;
le fecond temps, à la fin de la feconde partie du commandement.

Haut = *LE SABRE.*

Le premier rang portera le fabre en avant pour pointer,
le poignet tourné en tierce, & à la hauteur des yeux,
le bras prefque tendu, le tranchant de la lame à droite,
la pointe un peu plus baffe que le poignet.

Le fecond rang élèvera le fabre, le bras demi-tendu,
le poignet un peu au-deffus de la tête, le tranchant de

Cavalerie. X

la lame en l'air, la pointe en arrière, & plus élevée que le poignet d'environ un pied.

Sabre = À L'ÉPAULE.

Replacer le fabre à l'épaule.

Remettez = LE SABRE.

Comme à l'infpection à cheval; le premier temps s'exécutant à la première partie du commandement, & le fecond temps, à la fin de la feconde partie du commandement.

Ajuftez = VOS RÊNES.

Comme il a été expliqué précédemment.

Obfervations.

Lorfque les Cavaliers commenceront à favoir faire ufage de leurs armes à cheval, on leur fera exécuter la reprife indiquée au commencement de cette leçon, en ayant le fabre à la main; on leur fera de même exécuter la reprife par trois, énoncée dans la fixième leçon; & à la fin de ces reprifes, on leur fera toujours faire un ou deux tours de manége au galop.

On fera auffi charger les armes avec des cartouches de fon, on les fera enfuite charger à poudre, & on tirera.

On répétera, à la fin de cette leçon, tous les mouvemens prefcrits dans les leçons précédentes; on enfeignera auffi aux Cavaliers le demi-tour à droite par trois, ainfi qu'il fuit,

Demi-tour à droite par trois.

Le peloton étant formé fur deux rangs, on commandera:

1.

Demi-tour à droite par trois.

2.

MARCHE.

V. Pl. XXIX. Fig. 1.

Au fecond commandement, chaque rang exécutera

ſon mouvement, d'après les mêmes principes établis pour les à-droite par trois.

La converſion étant près de finir, on commandera:

EN AVANT.

À ce commandement, tous les Cavaliers ſe porteront droit devant eux, dans la nouvelle direction.

Après avoir marché ainſi quelque temps en arrière, on commandera:

1.

Demi-tour à droite par trois.

2.

MARCHE.

Les Cavaliers exécuteront un nouveau demi-tour à droite; au commandement en avant, ils ſe porteront droit devant eux, juſqu'à ce que l'on commande, *halte, à droite, alignement,* ou *à gauche, alignement & fixe.*

Ces demi-tours à droite s'exécuteront au pas, le peloton étant de pied-ferme, & au trot, le peloton étant en mou-vement.

Voyez Pl. XXIX. *Fig. 2.*

Saut de la barrière, de la haie & du foſſé par rang.

On fera enſuite ſauter la barrière & le foſſé par rang, au petit trot, & au trot ordinaire.

Voyez Pl. XXX.

Quand on doit paſſer une haie ou un foſſé avec une troupe formée ſur deux rangs, il faut toujours faire reſter le ſecond rang en arrière, juſqu'à ce que le premier ait paſſé cet obſtacle.

Obſervations.

La plupart des manéges offrant trop peu d'eſpace pour y faire galoper les chevaux, on s'occupera de choiſir une carrière plus étendue, dont on puiſſe faire une eſpèce de manége découvert, pour y exercer les Cavaliers, lorſqu'ils ſeront en état de paſſer à la ſeptième leçon.

S'il y a un chemin inégal & difficile qui conduiſe à cette

carrière, on le suivra quelquefois de préférence, comme un moyen d'exercice utile pour une troupe à cheval, & dans lequel, les hommes & les chevaux s'habitueront à traverser toute forte de terrains avec adreffe & tranquillité.

On fera marcher le peloton de front & par trois dans ce terrain difficile, & on aura attention que les chevaux ne changent point d'allure, pour defcendre dans les parties baffes, ni pour remonter celles qui font plus élevées. On recommandera à cet effet aux Cavaliers d'avoir toujours la main légère, & les jambes près fans les fermer.

Si le terrain ne préfente point d'obftacle, il fera bon d'en difpofer quelquefois d'artificiels.

HUITIÈME LEÇON.

Travail au galop & Courfe des têtes.

Les Inftructeurs à cheval devant être choifis parmi les hommes qui annoncent le plus de difpofitions pour l'équitation, & leur inftruction ne pouvant être trop per-fectionnée, cette huitième leçon ne fera donnée qu'aux bas Officiers-inftructeurs, & aux Cavaliers deftinés à les remplacer.

Travail au galop.

Avant de commencer le travail au galop, on leur donnera les notions préliminaires fuivantes.

Voyez
Pl. XXXI.
Fig. 1.

Un cheval galope fur le pied droit, lorfqu'il entame l'efpace qu'il parcourt avec fes deux jambes droites; les jambes gauches tombent alors les premières à terre, & font à l'inftant dépaffées par les jambes droites.

Voyez
Pl. XXXI.
Fig. 2.

Un cheval galope fur le pied gauche, lorfqu'il entame l'efpace qu'il parcourt avec fes deux jambes gauches; les jambes droites tombent alors les premières à terre, & font à l'inftant dépaffées par les jambes gauches.

Un cheval galope faux, lorfqu'en tournant à droite, il galope fur le pied gauche, & lorfqu'en tournant à gauche, il galope fur le pied droit.

Un

Un cheval eſt déſuni, lorſqu'il galope à droite, des pieds de devant, & à gauche, des pieds de derrière, ou lorſqu'en galopant à gauche, des pieds de devant, il galope à droite, des pieds de derrière.

TITRE II.
Voyez
Pl. XXXI.
Fig. 3 & 4.

Pour faire partir un cheval ſur le pied droit, il faut le contenir parfaitement droit, ſentir un peu la rêne gauche, afin d'empêcher les épaules du cheval de tomber à droite, & fermer les deux jambes également derrière les ſangles, pour le chaſſer en avant.

Pour faire partir un cheval à gauche, il faut employer les moyens contraires.

Quand un cheval galope ſur le pied droit, l'aſſiette du Cavalier éprouve un mouvement ſenſible, de droite à gauche.

Quand un cheval galope ſur le pied gauche, l'aſſiette du Cavalier éprouve un mouvement ſenſible, de gauche à droite.

Quand un cheval eſt déſuni, l'aſſiette du Cavalier éprouve des mouvemens irréguliers. Dans cette poſition, le cheval eſt hors de ſon aplomb, & perd de ſa force.

Pour empêcher un cheval de ſe déſunir, il faut le contenir droit.

Pour habituer les Inſtructeurs à ſentir leurs chevaux, il faut les faire galoper ſeuls, l'un après l'autre. Quand leurs chevaux ſont faux ou déſunis, il faut les faire paſſer au trot, & ne leur laiſſer reprendre le galop, que quand leurs chevaux ſont partis juſte, ayant ſoin de leur répéter ce qu'ils ont à exécuter pour cela.

On continuera ces premières inſtructions, juſqu'à ce que l'on voie que les Inſtructeurs ſachent faire partir leurs chevaux *juſte,* ſentir quand ils ne le ſont pas, & les faire reprendre.

Quand les Inſtructeurs commenceront à ſentir le galop de leurs chevaux, on leur fera exécuter, au galop, la repriſe de la quatrième leçon.

Cavalerie.   Y

Obſervations.

Cette leçon, comme les précédentes, ſera donnée dans le manége découvert.

A la fin de chaque changement de direction oblique, il faudra paſſer un inſtant au trot, afin que les chevaux puiſſent changer de pied, plus facilement.

Au moment où ils doivent changer de pied, il faut former un demi-temps d'arrêt, en ſentant la rêne qui, après le changement de main, devient celle de dehors, & fermer la jambe du même côté, pour oppoſer les épaules aux hanches; ce moyen oblige le cheval à reprendre juſte.

Le travail individuel étant bien entendu, tous les Inſtructeurs ſeront réunis, on les fera galoper par trois, & on obſervera la même ſuite de travail, qu'à la ſixième leçon.

Lorſque les Inſtructeurs ſeront réunis, on n'exigera d'eux que de maintenir leurs chevaux droits & calmes, & d'obſerver exactement leurs diſtances, ſans s'embarraſſer ſur quel pied galopent leurs chevaux, parce qu'ils ne pourroient leur faire changer de pied, que par des à-coups, & qu'en troupe, on ne peut obtenir des jambes, que des effets très-incertains; la preſſion empêchant de s'en ſervir avec juſteſſe.

De la Courſe des têtes.

On ne doit commencer la courſe des têtes que quand les Inſtructeurs exécuteront bien, au galop, la repriſe de la quatrième leçon, & celle de la ſixième.

Voyez
L. XXXII. La troupe deſtinée à courir les têtes, ſera partagée en deux, une moitié ſe formera en bataille, à l'une des extrémités du manége, & l'autre moitié, à l'autre extrémité. Ces deux troupes feront face l'une à l'autre.

Les têtes qui devront ſervir à la courſe, ſeront au nombre de huit, diſpoſées le long des grands côtés du manége, en dedans de la piſte; on en placera quatre de chaque côté, à hauteur d'un homme monté : elles ſeront également eſpacées entr'elles, obſervant cependant que les plus près de la troupe en foient éloignées, au moins de douze à quinze pieds.

Le Cavalier de l'aile gauche de chaque troupe fe détachera du rang, il mettra le piftolet à la main, l'armera, l'élèvera le bout en haut, le poignet à hauteur & à un demi-pied de diflance de l'épaule droite, la fougardé en avant, & fe tiendra prêt à marcher. Au commandement, *marche*, les deux Cavaliers partiront, fe dirigeront l'un fur l'autre, & changeront de direction en même temps, dans la largeur du manége. Arrivés à hauteur de la tête la plus près de la troupe, ils ajufteront & feront feu; ils remettront après, le piftolet dans la fonte, & mettront le fabre à la main.

Quand ils auront paffé derrière les rangs, & qu'ils fe retrouveront à l'endroit où ils ont commencé à changer de direction, ils quitteront la pifte, comme s'ils vouloient changer de direction, diagonalement, en fe dirigeant l'un contre l'autre, ils croiferont le fabre, en tournant l'un autour de l'autre, & regagneront la pifte qu'ils ont quittée. Arrivés à hauteur de la première tête, ils lui donneront un coup de fabre, verticalement, de toute la force & de toute l'étendue du bras; ils marcheront à la feconde tête, & chercheront à l'abattre d'un coup de revers, en étendant le bras horizontalement; ils pointeront la troifième, en tournant le poignet en tierce; après avoir pris ou manqué la tête, ils élèveront le fabre très-haut, & ne le replaceront à l'épaule, qu'au moment où ils s'arrêteront; ils fe rangeront enfuite à la droite du rang.

Les autres Cavaliers exécuteront la même chofe fucceffivement.

Les Cavaliers, pendant tout le temps de la courfe, éviteront que la force qu'ils font obligés d'employer, ne dérange leur affiette; ils auront attention de fe régler conftamment l'un fur l'autre; l'exercice ci-deffus s'exécutera d'abord au pas, puis au trot, & enfin au galop.

NEUVIÈME LEÇON.

Progreſſion qu'on doit ſuivre pour dreſſer les jeunes chevaux.

Il faut uſer, avec les jeunes chevaux, des plus grands ménagemens, ne leur rien demander au-delà de leurs forces, & n'employer le châtiment, qu'à la dernière extrémité; car la plupart ne ſe défendent que de foibleſſe.

Il faut mettre au cheval que l'on veut dreſſer, un bridon d'abreuvoir & un caveçon, & placer le caveçon aſſez haut pour ne point gêner ſa reſpiration.

Deux Inſtructeurs ſont néceſſaires pour donner cette première leçon; l'un tiendra la longe très-près du cheval, & marchera avec lui, l'autre le ſuivra avec la chambrière, dont il ne fera uſage que pour le porter en avant, & très-modérément.

L'Inſtructeur qui tiendra la chambrière, obſervera de la montrer au cheval, ou de la lui faire ſentir entre l'épaule & le ventre; à meſure que le cheval marchera avec confiance, on lui donnera de la liberté; l'Inſtructeur qui tiendra la longe, finira par ſe placer au milieu du cercle; on fera trotter le cheval quelques tours, d'après les moyens indiqués; ſi le cheval, au lieu de trotter, galope, il faut ſecouer légèrement le caveçon, ce qui s'exécute par un mouvement très-doux, de celui qui tient la longe. Cette eſpèce de ſaccade doit ſe donner horizontalement, & non perpendiculairement.

On tâchera d'arrêter ſouvent le cheval à la voix, en le faiſant venir à ſoi, & après qu'il aura obéi, on le careſſera; l'on ſaiſira ce moment de calme pour lui faire faire quelques pas en arrière; pour y parvenir, on ſecouera légèrement le caveçon; ſi le cheval n'obéit pas, il faut le toucher avec une gaule, ſur les jambes de devant, & l'arrêter après quelques pas; il ne faut pas s'embarraſſer ſi le cheval recule, droit ou de travers; ſi le cheval ſe refuſoit à ces deux aides, il faudroit prendre les rênes du bridon & les ſoutenir, juſqu'à ce qu'il recule, en redoublant les coups de gaule.

On

On fera trotter le cheval alternativement aux deux mains; on l'arrêtera fouvent, on le fera reculer chaque fois, ainfi qu'on vient de le prefcrire. Il faut avoir attention de fixer les chevaux à la main à laquelle ils ont le moins d'aifance, & les y travailler davantage.

Manière dont on doit exécuter les changemens de main.

Le Cavalier qui tient la longe ralentira infenfiblement l'allure du cheval, il raccourcira la longe, jufqu'à ce qu'il approche de la tête du cheval; alors il l'arrêtera & le careffera. Le Cavalier qui tient la chambrière, & qui aura fuivi le cheval, changera de côté; alors le Cavalier tenant la longe dans la main gauche, plus près du cheval que de la droite, marchera quelques pas avec lui, & quand il aura repris fur cette main, il lui donnera plus de liberté.

Si le cheval rue, celui qui tient la chambrière le chaffera vigoureufement, entre l'épaule & le ventre; s'il fe cabre, celui qui tient la longe lui donnera une fecouffe de caveçon, au moment où les deux pieds de devant feront près de pofer à terre; celui qui tient la chambrière doit chaffer la croupe dans le même moment.

Le trot doit être égal, c'eft-à-dire, qu'en temps égaux, le cheval doit parcourir des efpaces égaux; il doit être alongé, fans cependant mettre le cheval fur les épaules.

Quand les chevaux feront affez dociles pour qu'on puiffe leur mettre la felle, on les fera marcher au pas & au trot avec la felle, en fuivant les principes indiqués ci-deffus; & lorfque les chevaux y feront confirmés, on les montera à gauche & à droite, pour les accoutumer au montoir.

Les chevaux ayant été accoutumés au montoir, & ayant acquis beaucoup de docilité, on les fera monter à la longe; ils marcheront d'abord au pas, enfuite au petit trot; & à mefure qu'ils acquerront de la foupleffe, on augmentera le degré de vîteffe.

On fera les reprifes courtes, pour ne pas les effoufler,

& on aura attention de les faire paſſer ſucceſſivement, du pas au trot, & du trot au pas.

On les habituera peu-à-peu, à connoître les jambes du Cavalier; pour y parvenir, l'Inſtructeur fera uſage de la chambrière, au moment où le Cavalier fermera les jambes.

On changera de main, deux fois au pas, ſuivant les principes indiqués.

On fera reculer les chevaux, avant de les renvoyer, & on finira toujours par la leçon du montoir, à files ouvertes.

Tant qu'on jugera néceſſaire de tenir les chevaux à la longe, on leur fera exécuter la repriſe, telle qu'elle a été indiquée dans la deuxième leçon.

Lorſque les chevaux trotteront avec aiſance, on les fera travailler au large; ils exécuteront tout ce qui eſt preſcrit dans la quatrième leçon. Si quelque cheval montre de la mauvaiſe volonté & des fantaiſies, il faudra ſur le champ, le remettre à la longe, & l'y tenir juſqu'à ce qu'il ſoit entièrement corrigé.

Si le cheval ſe cabre, le Cavalier doit, ſans déranger ſon aſſiette, porter le haut du corps en avant, & rendre la main; la moindre attache aux rênes peut faire renverſer le cheval.

Si le cheval rue, le Cavalier doit chercher à garder ſa poſition, en mettant le corps un peu en arrière, ſans ſe roidir; il doit en même temps fermer les deux jambes pour porter le cheval en avant, en ſoutenant les mains, pour l'empêcher de mettre la tête entre les jambes. Les chevaux ruent rarement droit, mais jettent preſque toujours, la croupe de côté ou d'autre. Lorſque le cheval rue ainſi, le Cavalier a la même choſe à obſerver qu'à la ruade droite, & doit en même temps ſentir la rêne du côté où le cheval rue, plus fortement que de l'autre, afin d'oppoſer les épaules aux hanches, & de les redreſſer.

Lorſqu'un cheval veut ruer en marchant, on s'en aperçoit aiſément, en faiſant attention au ralentiſſement de ſes jambes de devant. On peut de même prévoir lorfque le cheval veut faire une pointe, par le ralentiffe-ment des jambes de derrière.

Le Cavalier peut prévenir la plupart de ces fautes, en contenant le cheval dans les deux jambes.

Si le cheval fe refufe abfolument aux premières aides, il faudra faire ufage des éperons; on ne doit cependant prendre ce parti qu'à l'extrémité; quand on les appuie, on doit le faire vigoureufement. Ce font les éperons qui rendent le cheval fin & fenfible aux aides.

Les Cavaliers doivent s'occuper de donner à leurs chevaux une allure parfaitement égale, & auffi décidée qu'il eft poffible, fans les mettre cependant hors de leur aplomb.

Les chevaux allant bien en liberté, & acquérant de la force, il faudra leur montrer à fauter; cette leçon demande infiniment de ménagement. Il faudra com-mencer par faire fauter les chevaux en main. Le Cavalier mènera fon cheval en main, tenant la longe du bridon dans toute fa longueur; il le conduira près de la barrière, de la haie ou du foffé, qu'il paffera le premier; un autre Cavalier fera placé derrière avec une chambrière pour déterminer le cheval: le Cavalier qui le tient, lui donnera de l'avoine, après qu'il aura fauté. Quand un cheval ne fe décidera pas à fauter franchement la haie ou la barrière, il faudra le toucher avec une gaule, fous les genoux; lorfqu'il pliera, on l'appellera de la langue, & on le touchera avec une chambrière, pour achever de le déterminer.

Il ne faudra monter un jeune cheval, pour le faire fauter, que lorfqu'il fe décidera facilement & fur le champ à fauter en main; par ce moyen, on évitera qu'il fe défende.

Lorfqu'on fera affuré que les chevaux connoiffent les jambes, on leur donnera la bride; ils feront tous embou-chés avec des mors très-doux; une embouchure hardie gâteroit abfolument les barres à de jeunes chevaux.

Dans le principe, on laiffera couler les rênes de la

bride dans les doigts, de manière à ne mener le cheval que du bridon ; on ne commencera à lui faire fentir l'effet du mors, que quand on s'apercevra que la bride ne lui caufe plus d'inquiétude. Les Cavaliers doivent avoir la main légère, douce & ferme.

Afin de ne pas demander à un cheval foible, plus que fes forces ne lui permettent de fournir, il faut recommander aux Cavaliers de rendre beaucoup à un cheval qui fe retient, & de le chaffer en avant avec les jambes ; ils modéreront au contraire l'ardeur d'un cheval vif, en accordant leurs aides.

Si un cheval porte au vent, il faut, pour le ramener, avoir la main baffe & fe fervir des jambes, former de fréquens demi-arrêts, afin de l'habituer à fe foutenir, & à ne point s'abandonner fur les épaules.

Lorfque le cheval fera bien fouple au trot alongé, il faudra le mettre au galop, alternativement fur les deux pieds. On recommandera feulement au Cavalier, pour faire partir fon cheval droit, de fermer également les deux jambes, derrière les fangles, en foutenant un peu plus la rêne de dehors, que celle de dedans.

Les reprifes doivent être extrêmement courtes; il faut paffer alternativement, du galop au trot , & du trot au galop. Il eft néceffaire de rendre aux chevaux tous ces changemens d'allure très-familiers.

Les chevaux qui ont les reins foibles, ont beaucoup de peine à fe foumettre à l'arrêt; il faut les y habituer par gradation, & les faire reculer peu à la fois, afin de ne pas leur perdre les jarrets. Il faut avoir attention, toutes les fois que l'on aura reculé, de raffembler fon cheval, afin de le porter doucement en avant; dès qu'un cheval a obéi, il faut lui rendre.

Les Cavaliers feront exécuter aux jeunes chevaux tout ce qui a été prefcrit dans les 4.ᵉ, 5.ᵉ, 6.ᵉ & 7.ᵉ leçons de cette Inftruction , les habituant peu-à-peu à marcher, à converfer d'abord à files ouvertes, puis à files ferrées,

& enfin

& enfin, à fauter; les chevaux parvenus à ce point d'inſtruction, feront en état de paſſer à l'eſcadron.

Manière d'habituer les Chevaux aux armes, au feu, & aux bruits de guerre.

On habituera les chevaux au feu, en tirant des coups
de piſtolet à la porte des écuries, dans le moment où
on leur donne l'avoine. Indépendamment de cela, on
y habituera les jeunes chevaux dans les détails de la
feptième leçon; à cet effet, on fera prendre des cartouches à poudre aux bas Officiers qui doivent conduire
les repriſes. Ces bas Officiers chargeront leurs piſtolets,
& tireront en revenant du manége découvert, au quartier:
la fatigue de la leçon ayant rendu les chevaux plus
calmes.

On aura ſoin, dans le commencement, de mettre un
peu d'intervalle d'un coup de piſtolet à l'autre; mais à
meſure que les jeunes chevaux deviendront plus tranquilles au feu, on répétera les coups de piſtolet plus
fréquemment.

On fera auſſi exécuter le maniement des armes à
cheval, aux Cavaliers qui ſont chargés de dreſſer les
jeunes chevaux; lorſqu'ils feront bien accoutumés au
bruit des armes, les Cavaliers chargeront réellement,
& tireront l'un après l'autre, mettant, entre chaque coup,
un intervalle ſuffiſant pour laiſſer le temps d'appaiſer
les chevaux.

Cette leçon doit être donnée avec les plus grandes
précautions, on obſervera de la ſuſpendre, quand les
chevaux s'animent, & de n'augmenter la durée ou la
force du bruit qui peut les effrayer, qu'en raiſon de
l'effet plus ou moins grand, qu'il produit ſur eux.

Si, dans le nombre des jeunes chevaux, il s'en trouve
quelques-uns d'aſſez inquiets pour mettre habituellement
le déſordre dans la troupe que l'on veut dreſſer au feu,
il faudra les faire rentrer à l'écurie, avant de commencer
la leçon qui vient d'être détaillée; on s'occupera alors,

Cavalerie.   A a

matin & foir, pendant le temps où ils mangeront l'avoine, de les habituer féparément & peu-à-peu, au bruit des armes. Quand ils auront acquis plus de tranquillité, on les mènera en main dans la carrière, & l'on fera tirer de loin, quelques coups de piftolet, en leur donnant de l'avoine, & les carreffant, pour les appaifer.

On les rapprochera infenfiblement du bruit; & lorfqu'ils commenceront à s'y habituer, on les remettra dans le rang, pour recevoir, étant montés, les mêmes leçons qu'on aura données aux autres.

Lorfque les jeunes chevaux ne feront plus effrayés des coups de moufqueton & de piftolet tirés, l'un après l'autre, on fera placer quelques Cavaliers à pied, à l'extrémité de la carrière ou manége découvert. On formera le peloton des jeunes chevaux à l'autre extrémité, on le fera marcher en avant, & approcher doucement des gens à pied, qui feront feu enfemble, plufieurs fois de fuite. Quand le peloton à cheval fera à vingt-cinq pas d'eux, ils cefferont de tirer, & les jeunes chevaux continueront de marcher, jufqu'à ce qu'ils arrivent fur les Cavaliers à pied, alors on arrêtera, & on les careffera.

Cette leçon peut être donnée auffi à tous les pelotons du régiment, l'un après l'autre, fi l'on juge que les chevaux en aient befoin.

Dans tous les cas, l'Officier chargé en chef de l'inftruction à cheval, doit affifter à cette leçon, afin de s'affurer qu'elle foit faite avec foin, & qu'elle n'occafionne aucune efpèce de défordre.

Les Cavaliers auront la plus grande attention d'éviter que les chevaux ne foient piqués par l'effet des grains de poudre.

On habituera auffi les chevaux au mouvement & au bruit du frottement des étendards, & quand on fera à portée de l'infanterie, au bruit des tambours, & enfin, généralement à tous les bruits de guerre.

TITRE III.

De l'École de l'Escadron.

École de l'Escadron à pied.

LORSQU'ON fera prendre les armes à l'escadron, pour l'exercer à pied, on le formera sur deux rangs serrés; les Officiers se placeront comme il a été expliqué au titre de la formation.

On exercera ensuite l'escadron ainsi qu'il sera expliqué ci-après.

Ouvrir les rangs.

On commandera :

Garde à vous.

1.

En arrière = OUVREZ VOS RANGS.

2.

MARCHE.

Au premier commandement, un Cavalier de l'aile droite & de l'aile gauche du second rang, se porteront en arrière avec vivacité, à la distance de six pas du premier rang.

Au second commandement, le second rang reculera de six pas, & lorsqu'il les aura parcourus & qu'il sera arrivé sur l'alignement des deux Cavaliers des ailes placés pour marquer la distance, le Capitaine de serre-files commandera, *à droite, alignement,* puis, *fixe,* pour replacer les têtes directes.

Les rangs étant ouverts, on fera reposer sur les armes, faire l'inspection, & porter les armes, on rectifiera la position des Cavaliers.

On leur fera exécuter les temps de la charge, présenter les armes, porter l'arme au bras, & l'arme sous le bras gauche.

On aura grande attention de rectifier jusqu'aux moindres fautes.

Ces mouvemens finis, on fera porter fucceffivement trois Cavaliers de la droite ou de la gauche de chaque rang, quatre à cinq pas en avant, puis on fera aligner le refte du rang fur eux, au commandement, *par files à droite* ou *à gauche, alignement.* On laiffera les Cavaliers s'aligner d'eux-mêmes ; on redreffera feulement les fautes qu'ils auront faites.

On donnera quelquefois des directions obliques, à l'alignement.

Serrer les rangs.

Tous ces mouvemens exécutés, on commandera :

I.

Serrez vos rangs.

2.

MARCHE.

3.

À droite $=$ *ALIGNEMENT.*

Au fecond commandement, les Cavaliers du fecond rang ferreront fur le premier, au pas accéléré.

Au troifième commandement, ils s'aligneront à droite. L'alignement fini, on commandera, *Fixe,* pour replacer les têtes directes.

Les rangs étant ferrés, on fera reculer trois files de droite ou de gauche, pour aligner en arrière.

Tous ces alignemens fe feront, d'après les principes établis dans l'École du Cavalier.

Les alignemens finis, on fera repofer fur les armes, & on commandera : *Repos.*

Après le repos, on fera reporter les armes ; on exercera les Cavaliers à la charge en douze temps, à la charge précipitée, à la charge à volonté, & aux feux, tant par le premier, que par le fecond rang.

Pour exécuter les feux par le fecond rang, on fera faire demi-tour à droite : le fecond rang devenu alors

premier

premier rang, prendra la pofition indiquée pour le premier rang; & le premier rang devenu fecond, prendra la pofition du fecond.

On fera faire un fecond demi-tour à droite, on rompra à droite par pelotons pour marcher en colonne, la droite en tête, aux différens pas.

On fuivra, pour rompre, pour marcher en colonne, & pour fe mettre en bataille, les principes qui feront indiqués à *l'article 7 du préfent Titre.*

Lorfqu'on aura marché en colonne, par pelotons, la droite en tête, & fait à gauche en bataille, on rompra l'efcadron par pelotons, la gauche en tête, pour marcher avec le guide à droite, & fe remettre à droite en bataille.

On fera marcher enfuite l'efcadron en bataille aux différens pas.

On bornera l'inftruction de l'efcadron à pied, à ce qui vient d'être prefcrit : on ne réunira jamais d'ailleurs, le régiment à pied, pour le faire manœuvrer.

École de l'Efcadron à cheval.

ARTICLE PREMIER.

Des allures.

LES Cavaliers & les chevaux étant fuffifamment dreffés pour qu'on puiffe les réunir en efcadrons, on les exercera aux changemens d'allure, pour en régler la vîteffe & en affurer l'égalité.

A cet effet, on commencera par faire exécuter diverfes marches militaires, ainfi qu'il va être dit ci-après.

Elles auront pour objet d'accoutumer les chevaux à marcher dans le rang fans ardeur, & à changer d'allure fans à-coup.

Première marche militaire.

On marchera d'abord par trois, les Cavaliers fe relâcheront du bas du corps, & n'exigeront rien de leurs chevaux. On n'obligera point les Cavaliers d'être

Voyez Pl. XXXIII. Fig. 1 & 2.

exactement alignés, ni rapprochés botte à botte. Cette première leçon n'ayant pour objet que de calmer les chevaux.

Les Cavaliers conduiront leurs chevaux fans y employer de force, & en évitant de les rechercher & de les étonner. Le Conducteur ou guide d'une troupe, lui imprimant toujours fon mouvement, celui-ci ne prendra ou ne changera jamais l'allure, qu'avec modération.

La colonne ayant marché par trois, au pas de route, pendant un quart-d'heure, on commandera : *garde à vous, au trot, marche.* Les Cavaliers continueront à ne rien exiger de leurs chevaux, & à rendre la main à ceux qui s'animent,

Quand la colonne aura parcouru environ fix cents toifes, au trot, on commandera, *garde à vous, au pas, marche.* Ayant marché ainfi quelque temps, on reprendra l'allure au trot; & après avoir parcouru encore environ fix cents toifes, on fera paffer au pas : on formera enfuite les pelotons, d'après les principes & par les commandemens établis dans l'école du Cavalier. Les pelotons étant formés, on fera halte pour laiffer repofer les chevaux.

Voyez
Pl. XXXIV.
Fig. 1 & 2.

Si le Commandant juge à propos, au lieu de former les pelotons, de mettre la troupe en bataille, il fe conformera à ce qui fuit :

La colonne marchant par trois, la droite en tête, la former en avant à gauche, ou fur la droite en bataille. On commandera :

Garde à vous.

1.

En avant à gauche, ou *fur la droite* = EN BATAIILLE.

2.

MARCHE.

Voyez
Pl. XXXV.
Fig. 1, 2 & 3.

Si c'eft en avant en bataille, au fecond commandement, les trois premiers files marcheront quatre pas en avant, &

feront halte. Toutes les autres files viendront fucceffivement fe former par le mouvement oblique à gauche,
fur l'alignement des premières.

Si c'eft à gauche en bataille, au deuxième commandement, les trois premières files feront une converfion à
gauche, marcheront dix pas en avant, & feront halte.
Toutes les autres files exécuteront le même mouvement,
pour fe former fucceffivement à la gauche des premières.

Si c'eft fur la droite en bataille, au fecond commandement, les trois premières files feront une converfion
à droite, fe porteront douze pas en avant, & feront
halte. Toutes les autres files feront fucceffivement les
mêmes mouvemens, pour fe placer à la gauche les unes
des autres.

Obfervations.

Les premières files de chaque peloton exécuteront ce
qui vient d'être prefcrit au commandement du Chef de
leur peloton. Si la colonne avoit la gauche en tête,
on pourroit exécuter les mêmes mouvemens, en fens
contraire, & d'après les mêmes principes.

On n'exigera point d'exactitude dans ces mouvemens,
qui n'ont pour objet que de mettre la troupe en bataille,
avant de la faire repofer.

Après le repos, on rompra par trois, & l'on exécutera,
en revenant au quartier, les mêmes changemens d'allures
détaillés précédemment.

Alors les Cavaliers commenceront à fe rapprocher
botte à botte, fans rien demander à leurs chevaux.

On marchera au pas, au moins pendant un quart-
d'heure, avant d'arriver au quartier. Les Cavaliers rendront alors entièrement la main à leurs chevaux, afin de
les calmer, avant de les rentrer à l'écurie.

Dans cette première marche militaire, ainfi que dans
toutes les colonnes de route, les Officiers & les bas Officiers refteront fur le flanc des pelotons, à leur tête ou
en ferre-file, de la même manière dont ils doivent être

placés, lorfque les pelotons font formés. Les Maréchaux-des-logis de ferre-file marcheront à côté du Commandant de peloton qui fuit le leur dans la colonne.

Si cependant le Chef d'efcadron juge plus utile, pour maintenir l'ordre dans la colonne, de faire marcher un plus grand nombre d'Officiers fur le flanc, il en donnera l'ordre.

Les Cavaliers n'étant point encore confirmés dans les principes de converfion, on obfervera d'exécuter, fans commandement, les changemens de direction auxquels on fera forcé, & d'arrondir les angles, afin d'éviter que l'aile marchante, ne foit obligée de s'abandonner à un mouvement trop vif.

Seconde Marche militaire.

La feconde marche militaire fe fera dans le même ordre, avec la même progreffion, & d'après les mêmes principes que la première; mais les Cavaliers marcheront avec plus d'exactitude & d'enfemble, & pour cela, ils pourront exiger davantage de leurs chevaux, excepté pendant le dernier quart-d'heure; la marche devant toujours finir au pas de route, & à files aifées.

Cette feconde marche s'exécutera fucceffivement par trois, & par peloton.

Troifième Marche militaire.

Dans cette troifième marche, on fera, dès que le terrain le permettra, former les pelotons fans arrêter la colonne, on paffera enfuite fucceffivement & fréquemment du pas au trot, & du trot au pas, en obfervant que les changemens d'allure s'exécutent toujours avec enfemble & précifion.

> *Nota.* Ce fera principalement dans ces marches militaires, qu'on habituera les Cavaliers à fe replacer correctement, au commandement, *garde à vous*, & à reprendre l'aifance, au commandement, *repos.*

Régler

Régler la vîteffe des Allures.

Si les marches militaires prefcrites ci-deffus ont mis dans les allures affez d'enfemble & de précifion, on commencera à s'occuper d'en régler la vîteffe, & pour cela, on fera mefurer fur le chemin qu'on devra tenir, deux longueurs, de fix cents toifes chacune, afin de les parcourir alternativement au pas, & au trot.

La vîteffe de ces deux allures fera réglée de manière à faire cinquante toifes par minute au pas, & cent vingt toifes au trot.

Quant à la vîteffe du galop, elle fera de cent cinquante toifes par minute; mais on ne fera paffer les efcadrons à cette allure, que quand on fera parfaitement affermi dans les autres.

Obfervations.

Dans un terrain très-uni, les diftances ci-deffus pourroient fe parcourir en moins de temps; mais il faut apprendre aux Officiers, qu'on ne doit alonger davantage les allures, que dans les circonftances extraordinaires.

Le Commandant du régiment fera répéter ces marches militaires jufqu'à ce qu'il voie que les chevaux font tranquilles dans les rangs, qu'ils y marchent fans ardeur, que les Cavaliers n'employent ni force ni à-coups, en paffant du pas au trot, & du trot au pas, & que la vîteffe, ainfi que l'égalité des allures, font bien réglées.

A proportion qu'il verra plus de calme, il exigera que les Cavaliers foient plus alignés & plus rapprochés, fans cependant être trop ferrés.

Le Commandant du régiment obfervera dans les marches militaires, de faire rompre alternativement par la droite & par la gauche. Cette attention donnera aux Officiers & aux Cavaliers une habitude égale des deux manières de marcher. On exercera de même, toutes les fois que les efcadrons, ou le régiment manœuvreront.

Nota. Pendant les temps de repos prescrits dans les marches militaires, on exercera les Adjudans & Maréchaux-des-logis à juger & mesurer les distances, par le nombre de temps de trot, & de galop de leurs chevaux, & pour cela, on leur fera parcourir souvent les espaces toisés en comptant leurs pas.

On les habituera aussi à savoir combien le front d'un escadron & celui d'un régiment, occupent de toises en bataille, en proportion du nombre de files dont ils sont composés.

On leur enseignera ensuite à se placer en intermédiaires, entre des points donnés, ainsi qu'il sera expliqué au titre des Évolutions.

ARTICLE 2.

Des Alignemens.

L'ALIGNEMENT d'une troupe sera considéré sous deux rapports, l'alignement individuel, ou celui d'une troupe sur elle-même; l'alignement par troupe, ou celui d'une troupe sur une autre.

L'alignement individuel ayant été enseigné dans l'école du Cavalier, on en étendra l'application des files au peloton, & des pelotons à l'escadron, ainsi qu'il sera dit ci-après.

Alignement des files dans les pelotons.

Chaque peloton étant séparément en bataille, à rangs ouverts, on portera à six pas en avant, trois Cavaliers de la droite de chaque rang, & après les avoir établis sur une base d'alignement correcte, on commandera : *par files à droite, alignement.*

Voyez PL. XXXVI. *Fig. 1.*

A ce commandement, les Cavaliers se porteront successivement sur cet alignement, en se conformant aux principes établis dans l'école du Cavalier.

On fera ensuite avancer trois Cavaliers de la gauche de chaque rang, & l'on commandera: *par files à gauche, alignement;* ce qui s'exécutera de la même manière.

On fera recommencer les mêmes mouvemens, en donnant aux bafes d'alignement des directions obliques.

Après avoir exercé les Cavaliers à l'alignement individuel, à files ferrées, on les exercera à files ouvertes, puis à rangs & files ferrés.

On fera enfuite reculer les trois files de droite à gauche de chaque rang, & aligner en reculant, mais feulement à rangs & à files ferrés.

Dans tous les cas, lorfque les Cavaliers feront correctement alignés, on commandera :

F I X E.

A ce commandement, les Cavaliers replaceront la tête directe.

Alignement des pelotons dans l'Efcadron.

Les Cavaliers étant bien inftruits à s'aligner promptement & correctement dans le peloton, on exercera les pelotons à s'aligner de même dans l'efcadron.

Toute troupe qui doit s'aligner fur une autre, doit s'arrêter à la hauteur des ferre-files, & parallèlement à la ligne de formation, pour fe porter enfuite fur l'alignement de la troupe déjà formée, qu'elle ne doit jamais dépaffer.

Les pelotons qui doivent former l'efcadron, étant placés les uns à côté des autres, on leur enfeignera à s'aligner entr'eux de la manière fuivante :

On fera porter le peloton de droite, à quinze ou vingt pas en avant, après l'avoir aligné bien correctement fur une direction donnée. Le Chef d'efcadron commandera : *par peloton, alignement.*

Chaque Commandant de peloton fera fucceffivement au fien, les commandemens *peloton, en avant, guide à droite, Marche.* Arrivé à hauteur des ferre-files de la troupe qui fert de bafe d'alignement, il commandera, *peloton, halte,* & les chevaux étant calmes, *à droite, alignement.* Alors tous les Cavaliers du peloton fe porteront en avant à-la-fois, pour s'aligner.

TITRE III.

Voyez
PL. XXXVI.
Fig. 2.

Voyez
PL. XXXVI.
Fig. 3 & 4.

Voyez
PL. XXXVII.

Obfervations.

On tiendra la main à ce que les Brigadiers fe portent fur l'alignement général de l'efcadron, fans avoir égard à l'alignement individuel. Si les Officiers des aîles de l'efcadron veulent indiquer à un Cavalier, d'avancer ou reculer, ils doivent pencher le corps pour cela, en arrière du rang, & lui parler à voix baffe.

On fera enfuite porter le peloton de gauche en avant, & aligner à gauche par peloton, d'après les mêmes principes.

Après avoir fait aligner par peloton, le Chef d'efcadron fera porter deux ferre-files en avant, à vingt pas de la droite de l'efcadron ; il les placera à trente pas de diftance l'un de l'autre, formant un alignement parallèle à celui de l'efcadron ; il fera enfuite marcher fon efcadron en avant, l'arrêtera à dix pas, en arrière de ce nouvel alignement, & commandera, *à droite, alignement.*

> A ce commandement, tous les Cavaliers de l'efcadron entreront à-la-fois dans le nouvel alignement, les Brigadiers obfervant de fe régler fur l'enfemble de l'efcadron, plutôt que fur l'alignement individuel. On fera répéter le même mouvement par la gauche.

On placera enfuite deux Maréchaux-des-logis vis-à-vis des ailes de l'efcadron, à trente pas en avant, fe faifant face l'un à l'autre, de la même manière que s'ils étoient placés en points intermédiaires. On commandera alors : *efcadron en avant, guide à droite, Marche.* A dix pas de ce bas Officier, on commandera, *efcadron, halte ;* & enfuite *à droite, alignement.*

> A ce commandement, l'efcadron entier fe portera en avant, & s'alignera de manière que les Officiers des ailes fe trouvent placés, la tête de leurs chevaux contre la botte des Maréchaux-des-logis qui défignent l'alignement général.

Cette manière de s'aligner indique aux Officiers, bas Officiers & Cavaliers, ce qu'ils ont à faire, lorfqu'ils
doivent

doivent fervir de bafe d'alignement au refte de la ligne, ou bien, lorfqu'ils fe trouvent avoir devant eux, quelques-uns des points intermédiaires placés fur l'alignement général.

Obfervations.

Il eft important d'exiger que les Commandans des pelotons ne mettent pas trop d'intervalle entre le com-mandement *halte* & le commandement *à droite, aligne-ment*, afin de ne pas ralentir les alignemens fucceffifs; on les habituera auffi à ne commander *halte* qu'à hau-teur des ferre-files de la troupe qui eft déjà fur le nouvel alignement, afin que le retard qu'un Comman-dant de peloton pourroit mettre dans fon alignement, n'influât pas fur celui des autres.

Tout Commandant de peloton qui voudra aligner fa troupe, fur une autre déjà formée, fe placera à l'aile oppofée au côté fur lequel on s'aligne.

L'attention du Chef d'efcadron, dans ces alignemens, doit porter principalement fur les Officiers des ailes, & fur l'étendard.

Les règles prefcrites ci-deffus auront de même, lieu pour les alignemens par efcadron.

Le Capitaine placé en ferre-file, fera chargé de rectifier l'alignement du fecond rang, d'après les prin-cipes donnés.

ARTICLE 3.

De la Marche directe.

Principes généraux.

LES principes de la marche directe doivent donner aux Cavaliers, les moyens,

1.° de conferver l'alignement en marchant, & de fe lier les uns aux autres.

2.º De ne pas trop fe ferrer, & de reprendre l'aifance quand ils le font.

3.º De ne pas s'ouvrir en marchant, & de fe refferrer s'ils font trop ouverts.

4.º De ne pas jeter le guide hors de fa direction, & de la lui faire reprendre, s'il a été forcé de la quitter.

Le point le plus important dans la marche directe, étant de contenir les chevaux bien droits, il eft nécef-faire que les Cavaliers confervent la tête directe ; mais il faut cependant leur indiquer le côté fur lequel ils doivent fe régler, puifqu'ils font aftreints à en fuivre tous les mouvemens ; en conféquence on fera toujours, avant le commandement, *marche*, l'avertiffement, *guide à droite*, ou *guide à gauche*, qui déterminera le côté vers lequel les Cavaliers doivent fe régler. Ils feront en forte de fentir toujours légèrement, du genou, le genou de leur voifin du côté du guide ; ils regarderont auffi de temps en temps, mais fans tourner la tête, la ligne des yeux de leurs voifins du même côté.

L'alignement individuel doit être obfervé par ce moyen, dans tous les inftans de la marche ; mais il faut, pour le maintien de l'alignement général, que les Brigadiers cherchent à fe conferver alignés entr'eux & fur l'enfemble de leur troupe. Ils ne feront donc pas auffi ftrictement affujétis que le Cavalier, à l'alignement individuel.

Il a déjà été prefcrit que le guide d'une troupe ne devoit point fe mettre en mouvement par à-coup.

Ce principe s'étend auffi fur tous les Cavaliers qui compofent un rang, en fuppofant qu'ils foient en avant où en arrière de l'alignement, trop rapprochés ou trop écartés de leurs voifins de droite on de gauche ; quelle que grande que foit leur diftance, ils la reprendront avec modération, en gagnant du terrain en avant.

Si les files s'ouvrent, les Cavaliers ne doivent jamais se refferrer que du côté du guide, en y portant la main; & s'ils font trop ferrés dans le rang, ils doivent, fans force ni à-coups, porter la main du côté oppofé au guide. Dans l'un & l'autre cas, il eft indifpenfable de gagner beaucoup de terrain en avant, en même temps qu'on en gagne peu fur le côté.

Le guide d'une troupe qui marche droit devant elle, fe fentant jeté hors de la direction, élèvera le bras droit, & le portera en avant de toute fa longueur, pour indiquer qu'il eft forcé. Tous ceux des Cavaliers de fon rang qui apercevront ce mouvement, porteront auffitôt la main du côté oppofé, fans tourner la tête.

École de la marche directe par rang de pelotons.

Lorfqu'on voudra exercer les Cavaliers à la marche directe, il faudra commencer cette inftruction par rangs de pelotons.

Les Officiers qui commanderont les rangs de chaque peloton, ayant placé leurs pelotons de manière qu'ils puiffent marcher un peu long-temps fans changer de direction, feront aligner les Cavaliers à droite, à files ouvertes; ils donneront à celui de la droite, un point de direction perpendiculaire au front de leur rang; ils lui prefcriront d'en prendre un intermédiaire, avant de partir, & de ne jamais perdre de vue ces deux points, afin de fe maintenir toujours dans la direction de l'un & de l'autre. A mefure qu'il approchera du point intermédiaire qu'il aura pris, il en choifira un plus éloigné dans la même direction, ainfi de fuite.

L'Officier commandera,

Garde à vous.

1.

PELOTON EN AVANT.

2.

GUIDE À DROITE.

3.

MARCHE.

Au troifième commandement , chaque Cavalier fe portera au pas, droit devant lui, cherchant à conferver la même vîteffe d'allure que fon voifin du côté du guide, & tournant, de temps en temps, les yeux de fon côté, fans déranger la tête.

Lorfqu'on voudra changer de direction , on commandera :

Garde à vous.

1.

PELOTON.

2.

HALTE.

Tous les Cavaliers ayant fait *halte*, on placera deux hommes de la droite dans la nouvelle direction, & l'on fera aligner les autres fur eux.

Le rang étant aligné, on le fera marcher comme il vient d'être prefcrit.

On exécutera les mêmes mouvemens avec le guide à gauche, d'après les mêmes principes.

Quand les Cavaliers auront été ainfi perfectionnés dans l'habitude de mener leurs chevaux, bien droit au pas, on leur fera fucceffivement ouvrir & ferrer les files, en marchant à la même allure, ayant foin de ne pas répéter ces mouvemens, trop coup fur coup, mais au contraire, de faire marcher long-temps, après avoir ferré les files , fans les ouvrir, & de même après les avoir ouvertes fans les ferrer.

Voyez Pl.XXXVIII. Pour ouvrir & ferrer les files, on commandera : *Ouvrez les files à gauche* ou *à droite, Marche ; Serrez les files à droite*

droite ou *à gauche*, *Marche*. On aura foin de faire toujours ouvrir les files du côté oppofé au guide, & de les faire toujours ferrer du côté du guide.

Dans ce mouvement, les Cavaliers auront la plus grande attention de gagner du terrain en avant, de manière à n'appuyer qu'infenfiblement fur le côté.

Les Cavaliers ayant exécuté ces différens mouvemens, au pas, à droite & à gauche, on les mettra au trot; on leur fera de même ouvrir & ferrer les files en marchant, & paffer fouvent du pas au trot, ainfi que du trot au pas, par rangs de pelotons.

Les Cavaliers comprenant bien tout ce qu'ils ont à faire dans la marche directe, par rang, à files ouvertes & ferrées, on commencera l'inftruction de l'article des converfions; ces deux parties d'inftruction devant être menées de front.

École de la marche directe par pelotons.

On formera chaque peloton fur deux rangs ferrés à deux pieds de diftance, & on fera recommencer le travail comme il a été fait par rangs, en ouvrant & ferrant les files fucceffivement.

Les Cavaliers du fecond rang auront à obferver, outre l'alignement, d'être bien correctement derrière leur chef-de-file, & toujours à un pas de lui.

Lorfque la marche devra changer de direction, ce mouvement ne s'exécutera plus par le principe de l'alignement, mais par celui des converfions.

Obfervation.

Après que les Cavaliers auront été exercés fuffifamment aux principes de la marche directe, on pourra quelquefois pour les y confirmer de plus en plus, & pour leur en faire acquérir l'intelligence, faire ufage des moyens de théorie ci-après, qui confiftent à faire commettre des fautes, pour enfeigner à les connoître & à les réparer.

Moyens relatifs à l'alignement.

Voyez
Pl. XXXIX.
Fig. 1.

On fera marcher un peloton, & on préviendra le guide d'augmenter insensiblement & de temps en temps, son allure, sans commandement; on répétera alors aux Cavaliers ce qu'ils ont à faire lorsqu'ils se trouvent en arrière de l'alignement. Cette instruction prescrite, on préviendra ensuite le guide de ralentir son allure pendant quelques pas; alors les Cavaliers se conformeront aux principes qui leur ont été donnés pour les cas où ils se trouvent trop en avant.

Voyez
Pl. XXXIX.
Fig. 2.

Moyens pour habituer les Cavaliers à resserrer les files lorsqu'elles sont trop ouvertes.

Voyez
Pl. XXXIX.
Fig. 3.

On fera marcher un peloton, & à l'instant où les chevaux seront calmes, on dira au guide, s'il est à gauche, de prendre dans sa marche une direction qui le porte un peu plus vers la gauche; on expliquera alors au second Cavalier de la gauche & aux autres, les moyens dont ils doivent se servir lorsqu'ils sont séparés des files du côté du guide, pour s'en rapprocher.

Moyens pour habituer les Cavaliers à reprendre l'aisance des files lorsqu'elles seront trop serrées.

Voyez
Pl. XXXIX.
Fig. 4.

Lorsque les Cavaliers sauront se resserrer sans à-coup, on prescrira au guide, s'il est à droite, de prendre sa direction insensiblement à gauche, ce qui produira un resserrement dans le rang; alors ils feront usage des principes qui leur ont été donnés pour cette circonstance. On saisira cette occasion de leur répéter que les irrégularités ne doivent pas être réparées ni trop vîte, ni avec trop de force, pour ne pas en occasionner de nouvelles.

Lorsqu'un peloton aura acquis, au pas, l'intelligence nécessaire pour éviter les à-coups, on fera faire, au trot, ce qui vient d'être détaillé.

TITRE III.

École de la marche directe par escadrons.

Lorsqu'on jugera les Cavaliers assez instruits de tout ce qu'ils ont à exécuter dans la marche directe par pelotons, on réunira l'escadron.

Avant de faire marcher l'escadron, on fera sortir les files de droite & de gauche des quatre pelotons, & on les *Voyez* PL. XL. fera marcher, en conservant entr'elles l'espace nécessaire pour y recevoir les Cavaliers de leurs pelotons, les Officiers & bas Officiers restant à leur place de bataille, excepté les Maréchaux-des-logis de serre-files. Par ce moyen, les Brigadiers s'habitueront à ne pas se régler sur les individus de leur rang, mais seulement sur l'ensemble de ce même rang. On marchera de cette manière au pas & au trot.

Lorsque les Brigadiers sauront exécuter correctement *Voyez* PL. XLI. de cette manière, ce qui est relatif à la marche directe, on replacera les Cavaliers dans les rangs, & l'escadron étant réuni, l'on suivra les gradations employées précédemment, & la même progression dans les allures.

Lorsqu'on voudra faire marcher l'escadron en avant avec le guide à droite, on fera porter le Lieutenant de l'aile droite sur l'alignement des Officiers qui marchent devant le front. Le Maréchal-des-logis de serre-file du premier peloton remplacera le Lieutenant à l'aile de l'escadron : on commandera ensuite,

Garde à vous.

1.

ESCADRON EN AVANT.

2.

GUIDE À DROITE.

3.

MARCHE.

Avant le premier commandement, le Chef d'escadron indiquera au Lieutenant qui s'est porté en avant, un point fixe perpendiculaire sur le front de l'escadron, & ce

Lieutenant prendra des points intermédiaires & fucceffifs, ainfi qu'il eft expliqué.

Le Chef d'efcadron indiquera au Maréchal-des-logis qui aura remplacé le Lieutenant à l'aile de l'efcadron, le point éloigné qu'il a donné à cet Officier, lequel fervira lui-même de point intermédiaire au Maréchal-des-logis pour fe maintenir toujours dans la direction donnée.

Les Officiers qui marchent devant le front de l'efcadron, fe maintiendront toujours au même degré d'allure que le Lieutenant de droite; ils conferveront entr'eux la diftance qu'ils doivent avoir.

Le Maréchal-des-logis aura attention de conferver, de lui au Lieutenant, la diftance qui étoit entr'eux en partant, & de marcher de manière que ce Lieutenant lui couvre le point de direction indiqué par le Chef d'efcadron. Les Cavaliers du premier rang fentiront la botte du côté du Maréchal-des-logis placé à la droite, de manière cependant à ne jamais preffer fur lui.

Le Chef d'efcadron fe tiendra derrière l'aile droite, jufqu'à ce qu'il fe foit affuré que la direction qu'il a donnée eft bonne, ce dont il jugera de la manière fuivante : s'il voit que les Cavaliers fe refferrent & font obligés de porter la main à gauche, alors il ordonnera au Lieutenant de la droite de prendre un autre point un peu plus à droite, & un point intermédiaire correfpondant. Si au contraire les Cavaliers s'ouvroient à droite, & étoient obligés d'y porter la main, le Chef d'efcadron prefcriroit au Lieutenant de prendre un point un peu plus à gauche, & de même un point intermédiaire correfpondant.

Le Chef d'efcadron n'augmentera la vîteffe de l'allure que quand il fera ainfi affuré de fon point de direction.

On exercera l'efcadron à marcher avec le guide à gauche, & pour cela on commandera :

Garde à vous.

I.

ESCADRON EN AVANT.

2.

2.

GUIDE À GAUCHE.

3.

MARCHE.

Le Lieutenant de l'aile gauche se portera sur l'alignement des Officiers qui sont devant le front; il marchera vers le point que le Chef d'escadron lui indiquera, en prenant un point intermédiaire fixe; il sera remplacé à l'aile gauche de l'escadron par le serre-file le plus voisin de cette aile.

Le Chef d'escadron déterminera & rectifiera la direction par les mêmes moyens qui ont été indiqués pour le cas où l'on marche avec le guide à droite.

Toutes les fois qu'on voudra arrêter, on commandera:

Garde à vous.

1.

ESCADRON.

2.

HALTE.

Observations.

On fera plus fréquemment marcher l'escadron avec le guide à droite, cette manière devant être employée habituellement dans la marche en bataille; mais on exercera les escadrons à marcher avec le guide à gauche, assez souvent, pour qu'ils n'en soient point embarrassés, dans le cas où le Commandant d'une ligne choisiroit l'escadron de la gauche pour être celui d'alignement.

On aura attention, par escadron, comme par peloton, de ne faire jamais ouvrir les files que du côté opposé au guide, & de ne jamais les faire serrer, que du côté du guide.

École de la Marche directe au galop.

On exercera ensuite les Cavaliers à la marche directe au galop, & pour cela, on recommencera à travailler par pelotons, & on fuivra toute la progreſſion établie pour le travail au pas & au trot.

On veillera à ce que le ſecond rang garde toujours ſa diſtance avec préciſion.

On réunira enſuite l'eſcadron, & on l'exercera au galop.

> *Nota.* Dans la marche au galop, on aura ſoin de faire toujours repaſſer au trot, avant d'arrêter.

A R T I C L E 4.

De la Marche circulaire ou de Converſion.

Principes généraux.

ON doit diſtinguer deux eſpèces de converſions : 1.ᵉʳᵉ Converſion à pivot fixe. 2.ᵈᵉ Converſion à pivot mouvant.

Dans toute eſpèce de converſion, le Conducteur de l'aile qui tourne, doit décrire ſon arc-de-cercle de manière à ne pas faire trop ouvrir ni ſerrer les files. Chaque Cavalier du premier rang doit meſurer l'étendue de ſon arc-de-cercle d'après l'éloignement où il ſe trouve du pivot.

Tous ces différens arcs-de-cercle devant commencer & finir en même temps, il eſt néceſſaire que chaque Cavalier marche d'une allure plus alongée, en proportion de ce qu'il eſt plus éloigné du pivot de la converſion.

Pendant toute la durée de la converſion, les Cavaliers doivent avoir la tête tournée du côté de l'aile marchante, & régler par elle, le degré de leur allure ſur le ſien.

Les Cavaliers du premier rang porteront la main gauche inſenſiblement du côté du pivot, pour faire décrire à leurs chevaux la portion du cercle qu'ils doivent parcourir.

Le principe, dans toutes les converſions, lorſque les Cavaliers ſe ſéparent, eſt de ſe rapprocher très-inſenſiblement, en gagnant du terrain en avant, & ſans trop plier les chevaux.

Lorfque les Cavaliers fe ferrent trop , ils doivent de même s'ouvrir avec beaucoup de modération , & en gagnant du terrain en avant.

De la Converfion à pivot fixe.

Dans les converfions à pivot fixe , ce pivot ne devant jamais être jeté en dehors, les Cavaliers doivent réfifter à la preffion qui vient de l'aile marchante , & céder à celle qui vient du côté du pivot.

Lorfque les Cavaliers font trop ouverts, ils doivent de même fe refferrer vers le pivot, mais avec la gradation expliquée ci-deffus.

Les ailes marchantes exécuteront ces fortes de con-verfions, à la même allure dont marchoit précédemment la colonne.

De la Converfion à pivot mouvant.

L'objet du pivot marchant doit être de dégager in-fenfiblement le point où commence le mouvement, & d'en abandonner le terrain en s'avançant ainfi par degré, dans la nouvelle direction.

Toutes les converfions fucceffives que les divifions d'une colonne auront à faire pour changer de direction, les unes après les autres, dans le même point , doivent donc s'exécuter à pivot mouvant , pour qu'elles n'é-prouvent point de retard dans leur mouvement.

Le conducteur de l'aile marchante doit, dans ce mouvement, doubler l'allure, & décrire fon quart-de-cercle, de manière à ne pas faire trop ouvrir ni ferrer les files. Les Cavaliers de chaque rang, placés depuis le centre de la troupe jufqu'à l'aile marchante, augmenteront progreffivement leur allure, de manière que ceux du centre confervent à peu-près la même à laquelle ils marchoient précédemment. Les Cavaliers placés depuis le centre de la troupe jufqu'au pivot, diminueront leur allure dans la même progreffion.

Dans toutes les colonnes qui ne feront point ferrées en maffe, de quelqu'étendue que puiffe être le front de la troupe qui converfe, le pivot décrira un arc-de-cercle de cinq pas; il doit employer, pour décrire cet arc-de-cercle, autant de temps que l'aile marchante en emploîra pour faire fon quart de converfion.

A la fin d'une converfion, à pivot mouvant, la moitié de la troupe, vers l'aile qui converfe, doit diminuer l'allure, & l'autre moitié, vers le pivot, doit l'augmenter. Tous les Cavaliers redrefferont leurs chevaux; l'aile qui converfe reprendra l'allure dont marchoit précédemment la colonne, & le pivot la reprendra.

Dans ces mêmes converfions, il faut toujours céder à l'impulfion qui vient de l'aile à laquelle fe trouve le guide de la troupe, & réfifter à celle qui vient du côté oppofé, foit que ce guide fe trouve au pivot, ou à l'aile qui converfe,

Si les files viennent à s'ouvrir, les Cavaliers doivent de même les ferrer infenfiblement vers le guide, avec l'attention de fe redreffer toujours à temps pour ne pas le forcer.

Dans toute efpèce de converfion, pour conferver plus fûrement l'alignement, les Brigadiers s'aligneront tous fur l'aile qui converfe, fans avoir égard à l'alignement individuel.

École de Converfions, par rangs de Pelotons.

On commencera l'École de converfion par rangs de pelotons & à files ouvertes : on aura foin de placer un bas Officier ou un Cavalier intelligent à chaque aile, & on commandera :

Garde à vous.

I.

Pelaton == *EN CERCLE À DROITE.*

2.

M A R C H E.

Voyez
PL. XLII.

Au fecond commandement, les Cavaliers tourneront

tous

tous la tête du côté de l'aile marchante. Le bas Officier qui la conduit, se mettra en mouvement au pas, ayant soin de mesurer, de l'œil, l'étendue de la portion de cercle qu'il doit décrire, pour n'occasionner ni ouvertures, ni resserremens dans le rang.

La conversion continuera jusqu'à ce qu'on fasse le commandement, *halte*, auquel la troupe arrêtera. On commandera ensuite, *à gauche, alignement & fixe*.

Dès que le rang aura fait quelques conversions de suite au pas, on le fera passer au trot, choisissant l'instant où les chevaux seront le plus calmes. Après quelques tours au trot, on se remettra au pas.

On fera exécuter à gauche les mêmes mouvemens que l'on a faits à droite, & pour cela, l'on commandera, *garde à vous peloton, en cercle à gauche, marche, halte, à droite, alignement & fixe.*

On fera ensuite rapprocher les Cavaliers, botte à botte, ouvrir & serrer les files en conversant au pas & au trot, par les commandemens & les moyens prescrits à *l'article précédent.*

École de Conversions par Pelotons.

On réunira les deux rangs de chaque peloton pour les faire converser en cercle ; on emploîra les commandemens indiqués précédemment, & on commencera à converser à files ouvertes.

A mesure que la troupe acquerra du calme en conversant au pas & au trot, on exigera que les Cavaliers se rapprochent, & qu'ils marchent, botte à botte, ainsi qu'on a dû le faire dans les conversions par rangs de pelotons.

On fera aussi ouvrir & serrer les files, comme il a été dit précédemment.

Les fautes étant un moyen d'instruction nécessaire, pour apprendre à les réparer, lorsque les files sauront, dans les mouvemens de conversion, s'ouvrir & se resserrer sans à-coup, on fera faire au pivot le mouvement irrégulier d'appuyer un peu sur son rang ; alors les Cavaliers se sentant ferrés, apprendront à porter la main vers l'aile qui tourne pour la faire céder à l'impulsion.

On fera enfuite, pendant la durée de la converfion, relâcher un peu le pivot du côté oppofé à l'aile marchante, ce qui obligera les Cavaliers à fe rapprocher de lui.

D'autres fois, on prefcrira au centre de la troupe de refter en arrière, ou de fe porter en avant, afin d'accoutumer le Brigadier-conducteur de l'aile marchante à donner aux Cavaliers du centre, la facilité de reprendre l'alignement.

Les Cavaliers s'étant affermis par les mouvemens en cercle, aux principes de converfion, on leur fera exécuter, en marche, des converfions à pivot fixe, & à pivot mouvant, au pas & au trot.

Converfions à pivot fixe.

On commandera :

Garde à vous.

I.

Pelotons à droite, ou *à gauche. Demi-tour à droite* ou *demi-tour à gauche.*

2.

MARCHE.

3.

EN AVANT.

Au fecond commandement, l'aile qui devra fervir de pivot, arrêtera ferme ; celle qui devra converfer tournera à la même allure dont la troupe marchoit précédemment.

A la première partie du troifième commandement, le pivot fe préparera à reprendre l'allure à laquelle la troupe marchoit précédemment.

A la feconde partie du même commandement, les deux ailes fe porteront en avant en même temps & à la même allure.

Conversions à pivot mouvant.

On commandera :

Garde à vous.

1.

Tournez = *À GAUCHE.*

2.

EN AVANT.

A la première partie du premier commandement, le pivot se préparera à ralentir son allure, & l'aile marchante à augmenter la sienne, de manière que la seconde partie du même commandement détermine le doublement de l'allure & l'exécuion de la conversion.

A la première partie du second commandement, le pivot se préparera à augmenter son allure, & l'aile marchante à ralentir la sienne, afin que la seconde partie de ce même commandement, détermine la marche directe à l'allure dont la troupe marchoit avant de converser.

On répétera le même mouvement à droite, & l'on commandera : *Voyez* Pl. XLIII.

Garde à vous.

1.

Tournez = *À DROITE.*

2.

EN AVANT.

Ces commandemens s'exécuteront d'après les mêmes principes.

Observations.

Chaque Cavalier doit avoir attention de redresser son cheval à la première partie du second commandement, de manière à pouvoir se porter droit devant lui, à la seconde.

Les Cavaliers n'ayant point encore été exercés à faire des conversions au galop, on observera de ne faire les commandemens, *tournez à gauche* ou *tournez à droite*, qu'en marchant au pas.

École de Converſions par Eſcadrons.

On réunira l'eſcadron, on fera ſortir les files d'encadrement, comme il a été dit dans l'École de la marche directe, & on leur fera exécuter les converſions.

Lorſque les Brigadiers ſauront bien converſer de cette manière, on fera rentrer les Cavaliers dans les encadremens, & l'on ſuivra encore la même gradation employée précédemment, & la même progreſſion dans les allures.

On emploîra, pour converſer par eſcadrons, les mêmes commandemens, que pour converſer par pelotons, en mettant le mot *eſcadrons*, à la place de celui de *pelotons*.

Obſervation.

Lorſqu'on exercera les Cavaliers aux converſions à pivot mouvant, en marchant par eſcadrons, on preſcrira au pivot de décrire un arc-de-cercle de douze pas, & à l'aile marchante de meſurer le ſien en conſéquence.

École de Converſions au galop.

Les eſcadrons ſachant converſer au pas & au trot, on leur fera exécuter des converſions au galop, on recommencera, pour cet effet, à faire tourner en cercle par pelotons; il faudra changer ſouvent d'allure & éviter de galoper long-temps ſur la même main.

Changer de main ſans arrêter.

Voyez Pl. XLIV.

Le peloton converſant en cercle à droite, on commandera de converſer à gauche : alors l'aile droite ſe portera en avant, & l'aile gauche deviendra pivot. Tous les Cavaliers redreſſeront leurs chevaux, & les dirigeront de manière à parcourir, en ſens contraire de nouveaux cercles. Lorſque le peloton exécutera bien ces changemens de main, au pas, on les lui fera répéter au trot, mais jamais au galop.

Les pelotons étant bien rompus à toute eſpèce de

converſion

converfion au galop, on les réunira pour former l'efcadron, auquel on fera exécuter tous les mouvemens qui
viennent d'être détaillés.

Obfervations.

Les converfions au galop par efcadron, & les changemens de main, fans arrêter, exigent de la part des Lieutenans des ailes, de l'intelligence & de l'attention. C'eft
en mefurant bien leur arc-de-cercle & le degré de vîteffe
de leur allure, qu'ils parviendront à exécuter correctement ces mouvemens.

Le Lieutenant placé à l'aile marchante, doit, fans ceffe,
avoir l'œil fur l'enfemble de l'efcadron. S'il s'aperçoit
que les Cavaliers foient trop ferrés, il doit leur donner
de l'aifance, mais toujours en fe portant en avant. S'il
s'aperçoit qu'ils foient trop ouverts, il doit infenfiblement diminuer la portion de cercle qu'il parcourt.

Dans aucun cas, le Lieutenant placé au pivot de la
converfion ne doit reculer, même pour réparer une
faute qu'auroient commife les Cavaliers du centre. Cette
mauvaife habitude, dont on ne fent pas la conféquence,
avec une feule troupe, auroit les plus grands inconvéniens; parce que, dans une colonne, elle empêcheroit
la troupe qui fuit, d'avoir fa diftance, & qu'en fe mettant
en bataille, elle rendroit l'alignement impoffible.

ARTICLE 5.
De la Marche oblique.

ON diftinguera deux efpèces de marches obliques; la
marche oblique individuelle, & la marche oblique par
troupes.

De la Marche oblique individuelle.

La marche oblique individuelle, eft celle qui s'exécute
par un mouvement de chaque Cavalier, fans que la
fubdivifion change de front. On commencera à y exercer
les Cavaliers par pelotons, & l'on commandera :

Garde à vous.

V. Pl. XLV.
Fig. 1.

I.

Oblique = *à DROITE.*

2.

MARCHE.

Au fecond commandement, les Cavaliers feront exécuter, tous en même temps, à leurs chevaux, un quart d'à-droite; en forte que la tête de chaque cheval fe trouve placée à hauteur de la ganache, ou à l'extrémité de l'encolure du cheval qui eft à leur droite, & que le genou droit de chaque Cavalier, foit en arrière du genou gauche du Cavalier vers lequel on oblique.

Ce premier mouvement exécuté, les Cavaliers fe porteront droit devant eux dans la nouvelle direction qu'ils ont prife.

Obfervations.

Lorfque ce mouvement aura pour objet de reprendre un intervalle perdu, ou de gagner du terrain en avant, il fera néceffaire de faire doubler l'allure pendant toute fa durée; dans ce cas, on commandera: *oblique à droite, au trot,* ou *au galop, marche.*

Dans tous les inftans de la marche oblique, toutes les fois que les Cavaliers ne feront pas liés les uns aux autres, ils doivent augmenter infenfiblement leur allure, afin de fe rapprocher du côté vers lequel on marche, fans cependant preffer fur lui.

S'ils font trop ferrés, ou plus avancés que le Cavalier du côté de l'aile vers laquelle ils obliquent, ils doivent infenfiblement ralentir leur allure. Tous ces mouvemens doivent fe faire en gagnant beaucoup de terrain en avant, en même temps qu'on en gagne peu fur le côté.

Quel que foit l'efpace que le Brigadier de l'aile vers laquelle on oblique, ait à parcourir, il ne doit jamais faire plus d'un quart d'à-droite : il eft très-effentiel enfuite qu'il fe porte droit devant lui, & ne change plus de direction; il aura auffi la plus grande attention, s'il doit doubler l'allure, de ne point partir avec précipitation.

Lorfqu'on aura obliqué à droite pendant quelque temps, on commandera : *en = avant.* A ce commandement, les Cavaliers redrefferont leurs chevaux par un mouvement contraire au premier , & fe porteront enfuite droit devant eux.

On répétera le même mouvement vers la gauche, & pour cela l'on commandera :

Garde à vous.

I.

Oblique = À GAUCHE.

2.

MARCHE.

Les commandemens s'exécuteront d'après les mêmes principes qui ont été détaillés pour obliquer à droite.

On exécutera tout ce qui vient d'être prefcrit au pas & au trot ; on réunira enfuite l'efcadron, & l'on recommencera les mêmes mouvemens.

V. Pl. XLV. Fig. 2.

De la Marche oblique par troupes.

Pour exercer les Cavaliers à la marche oblique par troupes, on réunira l'efcadron, & l'on commandera :

Voyez Pl. XLVI.

Garde à vous.

I.

Pelotons = DEMI-À-DROITE.

2.

MARCHE.

Au fecond commandement, chaque peloton fera fon demi-à-droite, à pivot fixe, d'après les principes établis dans *l'article précédent* : la converfion étant près de finir, le Chef d'efcadron commandera.

3.

EN AVANT.

4.
Guide = À DROITE.

Au troifième commandement, la marche de chaque peloton deviendra directe.

Le quatrième commandement indiquera aux Cavaliers, que c'eft au côté vers lequel on fe porte, qu'ils doivent céder.

Pendant toute la durée de cette marche, le guide de la première fubdivifion aura la plus grande attention de marcher bien droit devant lui; tous les autres guides obferveront leurs diftances, & prendront pour chef-de-file, le quatrième Cavalier de l'aile oppofée au guide de la fubdivifion qui les précède.

Le premier Lieutenant fera à la tête du premier peloton; le premier Sous-lieutenant à la tête du deuxième; le deuxième Sous-lieutenant à la tête du troifième; & le fecond Lieutenant, à la tête du quatrième : le premier Capitaine & les ferre-files, refteront fur le flanc de l'efcadron.

Après avoir marché quelque temps dans cet ordre, le Chef d'efcadron commandera :

Garde à vous.

1.
Pelotons = DEMI-À-GAUCHE.

2.
MARCHE.

3.
EN AVANT.

Au premier commandement, chaque peloton exécutera fon demi-à-gauche, à pivot fixe, & au même degré de vîteffe dont l'efcadron marchoit précédemment ; & chaque Officier reprendra fa place de bataille.

Obfervations.

Les pivots de chaque peloton doivent avoir l'attention, dans ce mouvement, d'arrêter leurs chevaux tous à la fois,

fois, pour que les converſions de toutes les ſubdiviſions puiſſent finir en même temps. Un peu avant la fin de la converſion, les ailes marchantes obſerveront auſſi de ralentir l'allure inſenſiblement, afin qu'au deuxième commandement, tout l'eſcadron puiſſe ſe porter enſemble en avant.

Auſſitôt après que le Chef d'eſcadron aura fait le troiſième commandement, le premier Capitaine commandera, *guide, à droite.*

Après avoir marché quelque temps, on arrêtera l'eſcadron.

On répétera le même mouvement vers la gauche; & pour cela, l'on commandera : *garde à vous, pelotons, demi-à-gauche, marche, en avant. Pelotons, demi-à-droite, marche, en avant.* Ces commandemens s'exécuteront en ſens contraire, d'après les mêmes principes qui viennent d'être détaillés.

On répétera les mêmes mouvemens au trot & au galop, l'eſcadron étant de pied-ferme, & en marche.

On conſervera les diſtances avec la plus grande attention, pendant toute la durée de cette marche oblique; s'il arrivoit cependant qu'elles fuſſent perdues, il ne faudroit les reprendre qu'inſenſiblement, les pelotons devant conſerver la même allure.

Article 6.
De la Marche de flanc.

On exercera les Cavaliers à la marche de flanc : d'abord par pelotons, enſuite par eſcadrons. Chaque peloton étant ſéparément en bataille, on commandera :

Garde à vous.

1.

à droite = *PAR TROIS.*

2.

MARCHE.

Au second commandement, les Cavaliers de chaque rang feront leur à-droite par trois, le plus promptement & le plus correctement qu'il fera possible. L'Officier ou bas Officier qui fera placé en avant du peloton, se portera à la gauche du premier rang du peloton, marchant ainsi par le flanc, afin de le conduire dans les différens changemens de direction qu'il pourroit avoir à exécuter. Le bas Officier de serre-file restera sur le flanc opposé.

Ce mouvement par trois, étant prêt de finir, le Chef de peloton commandera :

1.

En avant.

2.

GUIDE, À GAUCHE.

A ce premier commandement, tous les Cavaliers se porteront en avant, ayant la plus grande attention de serrer leurs distances, pour qu'il ne reste pas d'ouvertures dans le peloton, lorsqu'on le formera.

Après avoir marché quelque temps par le flanc, il commandera :

1.

À gauche = PAR TROIS.

2.

MARCHE.

3.

EN AVANT.

Au second commandement, tous les Cavaliers du peloton exécuteront à la fois une conversion à gauche par trois.

Au troisième commandement, tous les Cavaliers se porteront ensemble en avant, sentant la botte à droite.

Après avoir parcouru quelques pas en avant, on fera arrêter & aligner à gauche.

On répétera le même mouvement par la gauche, & pour cela l'on commandera : *garde à vous, à gauche par trois, marche, en avant; à droite par trois, marche, en avant, halte, à droite, alignement.*

Ces commandemens feront exécutés d'après les mêmes principes qui viennent d'être détaillés, mais en fens contraire.

Ces mouvemens s'exécuteront, le peloton marchant fucceffivement au pas & au trot.

Lorfqu'après avoir rompu à droite ou à gauche par trois, & marché en avant, on voudra changer de direction, on commandera : *tournez à droite* ou *à gauche.*

Le premier rang du peloton ainfi formé, exécutera fa converfion, à pivot mouvant, d'après les principes établis dans *l'article 3 de ce Titre ;* & tous les rangs du peloton en feront autant, en arrivant dans le même point, où la tête du peloton aura tourné.

Les pelotons ayant été exercés féparément à la marche de flanc, on réunira l'efcadron pour recommencer les mêmes mouvemens, & fuivant la même progreffion dans les allures.

Alors le Lieutenant de l'aile, par laquelle on aura rompu, fe placera à la tête des fix premiers Cavaliers de la colonne ; celui de l'aile oppofée, fe placera en ferre-file. Le Sous-lieutenant, le Chef de la première divifion de l'efcadron & les ferre-files, refteront fur le flanc où ils font placés, de manière qu'en fe reformant, ils puiffent fe trouver chacun à leur place de bataille.

Obfervations.

Les Cavaliers auront attention, pendant la marche de flanc, de fe tenir exactement à leur chef-de-file, de ferrer fur lui, à un pas, ou deux pieds de diftance, & d'exécuter correctement les déboîtemens & emboîtemens que cette marche néceffite.

Les rangs ayant été comptés par trois, avant de monter à cheval, les Cavaliers ne fe compteront plus pendant toute la durée de l'exercice; & s'il arrivoit qu'un des rangs fût réduit, de trois hommes à deux, le rang n'en fera pas moins son mouvement, comme s'il étoit complet.

Article 7.

De la Marche en colonne.

Principes généraux.

On distinguera trois espèces de colonnes.

1.° La colonne avec distance.
2.° La colonne serrée.
3.° La colonne de route.

De la Colonne avec distance.

La colonne avec distance a pour objet de transporter une troupe d'une position à une autre, de manière que dans son mouvement, elle ait toujours la possibilité de se mettre en bataille sur le champ, dans tous les sens; par conséquent sa profondeur doit être égale au front que la troupe occuperoit en bataille; on la fera toujours marcher par pelotons, parce que la proportion de ce front est la plus commode pour tous les mouvemens.

Si des obstacles imprévus obligeoient une colonne avec distance, marchant par peloton, de diminuer son front, on la fera dédoubler par sections, par trois, & enfin défiler; mais aussitôt que le terrain le permettra, on fera reformer les pelotons.

Lorsqu'on marchera en colonne avec distance, par pelotons, ou par un plus petit front, le premier peloton sera toujours commandé par le Lieutenant de la première division; le second par le Captaine de la même division; le troisième par le Capitaine de la seconde division, & le quatrième, par le Lieutenant de la même division.

Ces quatre Officiers répéteront tous les commandemens de *marche* & de *halte* qui feront faits à leur escadron.

Dans

Dans toutes les marches de colonne, ainsi que dans toute autre circonstance, les Cavaliers auront la tête directe. Le Commandant de chaque subdivision indiquera seulement par le commandement, *guide à gauche*, si l'on marche la droite en tête, & *guide à droite*, si l'on marche la gauche en tête, le côté auquel les Cavaliers doivent céder, & celui auquel ils doivent résister.

Toutes les fois qu'on marchera en colonne par pelotons, les guides observeront de conserver toujours entr'eux & celui qui les précède, une distance égale à la longueur du front de leur subdivision, & de régler leur allure sur celle de ce même guide, dans la direction duquel ils se maintiendront. Cette distance sera comptée de la tête des chevaux du premier rang d'un peloton, à la tête des chevaux du premier rang du peloton qui le suit.

L'observation des distances étant l'objet le plus essentiel à remplir dans toute espèce de colonne avec distance, tout lui sera subordonné. Les guides auront cependant attention d'éviter, autant qu'il se pourra, de changer d'allure sans commandement; & s'il arrivoit que leur distance s'ouvrît ou se resserrât, ils feront en sorte de réparer cette faute avec modération & sans à-coup.

Les Commandans des subdivisions veilleront continuellement à l'observation de la distance.

Les obstacles que le terrain peut présenter à la marche des colonnes avec distance, rendent quelquefois impossible de conserver la direction des guides ; il faut se contenter alors, d'astreindre celui de chaque subdivision, à passer dans le même point où aura passé celui qui le précède.

La première troupe d'une colonne qui se mettra en marche, à quelque allure qu'elle parte, modérera toujours son mouvement, afin de donner le temps à la colonne de prendre de l'ensemble, & d'avoir, de la tête à la queue, un mouvement égal.

Cavalerie.

K k

Lorfqu'on marchera par fections, ou par trois, les guides de chaque rang fe conformeront à tout ce qui vient d'être indiqué; excepté qu'ils ne conferveront point de diftance.

Lorfque, dans les colonnes avec diftance, les changemens de direction exigeront des converfions fuccef-fives, ces converfions s'exécuteront toujours à pivot mouvant, de manière qu'il n'en réfulte aucun retard dans la marche de la colonne.

De la Colonne ferrée.

La colonne ferrée ayant à la fois pour objet de diminuer fa profondeur, & de cacher le nombre de troupes qui la compofent, elle fera toujours formée par efcadrons. On détaillera, au *Titre des évolutions*, la manière dont elle devra être formée, & dont elle devra fe mouvoir.

De la Colonne de route.

La colonne de route n'ayant pour objet que la commodité de la marche, elle fera habituellement formée par fections, ou par trois, afin d'être rarement obligée de dédoubler, & de pouvoir choifir la portion de chemin plus facile pour les chevaux.

Marcher en Colonne avec diftance.

L'efcadron étant en bataille , pour le rompre par pelotons à droite, on commandera :

Garde à vous.

I.

Pelotons = *À DROITE.*

2.

M A R C H E.

Voyez Pl. XLVII. Fig. 1.

Au premier commandement, le Sous-lieutenant de la première divifion fe portera dans le point où devra arriver la gauche du premier peloton, faifant face au Lieutenant de l'aile droite, & les bas Officiers de l'aile gauche de chaque peloton, fe prépareront à déboîter légèrement.

Au fecond commandement, la converfion s'exécutera; & au moment où elle fera près de finir, les deux Lieutenans & les deux Capitaines commanderont, chacun à leur peloton, *halte, à gauche, alignement;* les Cavaliers étant alignés, les Officiers commanderont, *fixe,* & fe placeront chacun vis-à-vis, & à deux pieds du centre du premier rang de leur peloton.

Le Sous-lieutenant de la première divifion fe placera à la gauche du guide du premier peloton, & le Sous-lieutenant de la feconde divifion à la gauche du guide du troifième peloton.

Dans ce mouvement, les Maréchaux-des-logis de ferre-file, doivent refter derrière leur peloton, & le Capitaine, ainfi que le Sous - lieutenant de remplacement fur le flanc du fecond & du quatrième peloton, du côté oppofé au guide. Les pelotons ayant fini leur converfion, les guides ne chercheront point à fe mettre à leurs chefs-de-file.

Marcher la droite en tête.

Le Chef d'efcadron commandera :

Colonne en avant = MARCHE.

Les Chefs de peloton répéteront, *marche,* & commanderont, immédiatement après, *guide, à gauche,* la colonne fe portera en avant.

On aura foin auparavant de donner un point de direction au Sous-lieutenant qui fe trouve à côté du guide de la première fubdivifion, celui-ci choifira des points intermédiaires, afin d'être fûr de marcher droit. On indiquera au Sous-lieutenant qui eft placé à côté du guide de la troifième fubdivifion, le point fixe qu'on a donné au premier Sous-lieutenant qui fervira de point intermédiaire pour l'autre. Ces deux Officiers fe maintiendront, pendant toute la durée de la marche, dans la direction qui leur aura été donnée.

On recommandera aux Brigadiers qui font placés à côté des Sous-lieutenans, de ne jamais appuyer fur eux. Les deux autres Brigadiers fe tiendront exactement à leurs chefs-de-file.

Arrêter la Colonne.

Après avoir ainfi marché quelque temps, on commandera :

Garde à vous.

1.

COLONNE.

2.

HALTE.

Au premier commandement, tous les Cavaliers fe prépareront à arrêter.

Au fecond commandement, répété par chaque Commandant de peloton, on arrêtera, & les Commandans de peloton feront le commandement, *à gauche, alignement.*

Obfervations.

Le guide de chaque fubdivifion fera perfonnellement refponfable de l'exactitude de la diftance.

Chaque Chef de peloton répétera le commandement *halte*, auffi promptement qu'il fera poffible. Après le commandement, il n'y aura aucun mouvement dans les pelotons, même pour rectifier les diftances.

Le Chef d'efcadron, après avoir commandé *halte*, fe portera derrière le Sous-lieutenant qui eft placé à la gauche du troifième peloton, pour juger fi les deux Sous-lieutenans ont bien marché fur le point de direction qu'il aura indiqué. Il verra en même temps, fi les Brigadiers de gauche, des trois premières fubdivifions, font bien à leurs chefs-de-file, & fi ceux du premier & du troifième peloton, joignent exactement les deux Sous-lieutenans.

C'eft, de cette même place, qu'il fera le premier commandement pour mettre l'efcadron en bataille.

L'Efcadron

*L'Escadron étant en colonne, la droite en tête,
le mettre à gauche en bataille.*

La colonne étant arrêtée, on commandera:

1.

A gauche == EN BATAILLE.

2.

MARCHE.

Au premier commandement, le Lieutenant de la première division se portera sur la direction des Brigadiers,
guides de la colonne, à la distance du front d'un peloton,
faisant face au côté sur lequel on doit se mettre en
bataille.

Voyez
Pl. XLVII.
Fig. 3.

Au second commandement, répété par tous les Commandans de pelotons, l'escadron se mettra en bataille,
le Brigadier de l'aile gauche de chaque peloton, servant
de pivot à la conversion de son peloton, & tournant sur
lui-même, sans avancer ni reculer; chaque Commandant
de peloton, commandera, *halte,* à l'instant où l'aile marchante de son peloton, sera près de finir son emboîtement;
ensuite, *à droite, alignement.*

Voyez
Pl. XLVII.
Fig. 4.

Le mouvement fini, le Commandant d'escadron commandera, *fixe,* pour replacer les têtes directes.

Le Chef d'escadron doit, après avoir commandé, *à
gauche en bataille,* examiner si le Lieutenant de l'aile
droite est bien exactement sur la direction des Brigadiers
de la colonne, & le rectifier, s'il n'y est pas, avant de
commander, *marche :* aussitôt qu'il aura fait ce dernier
commandement, il se portera avec célérité à l'aile droite
de son escadron, pour juger si les pivots ont bien exécuté
leurs mouvemens, & si les Cavaliers s'alignent correctement, après la conversion.

Observations.

Toute espèce de rectification doit se faire, autant qu'il
est possible, sans parler, & par des signes; mais si l'on
est obligé de désigner un homme, il ne faut jamais que
ce soit par son nom; il suffit d'indiquer, à voix basse, la
place qu'il occupe dans le peloton.

Cavalerie.   L l

Les différentes attentions recommandées ci-deſſus au Chef d'eſcadron, ne doivent point lui faire ralentir les commandemens *halte, à gauche en bataille & marche,* qui doivent ſe ſuccéder auſſi rapidement qu'il eſt poſſible.

Pendant la durée de la converſion, les Commandans de peloton & les Sous-lieutenans, reprendront leur place de bataille.

Le Lieutenant qui doit ſe porter ſur l'alignement des guides, obſervera de prendre plutôt trop, que trop peu de terrain. Le Conducteur de l'aile marchante du premier peloton, doit avoir attention de ne ſe régler ſur ce Lieutenant, que pour l'alignement, ſans chercher à s'en rapprocher.

L'Eſcadron étant en bataille, le rompre à gauche par pelotons.

On commandera:

Garde à vous.

1.

Pelotons === À GAUCHE.

2.

M A R C H E.

Au premier commandement, le Sous-lieutenant de la ſeconde diviſion ſe portera vis-à-vis du Lieutenant de l'aile gauche, au point où devra arriver la droite du quatrième peloton. À la fin de la converſion, les Commandans de peloton commanderont, *halte, à droite, alignement & fixe.* Le Sous-lieutenant de la ſeconde diviſion ſe placera à côté du Brigadier de droite du quatrième peloton, & le Sous-lieutenant de la première diviſion, à côté du Brigadier de droite du ſecond peloton; tout le reſte s'exécutera d'après les principes établis pour rompre à droite.

Marcher en colonne par pelotons, la gauche en tête.

On fera marcher l'eſcadron, la gauche en tête, d'après les mêmes principes qui viennent d'être détaillés, pour marcher la droite en tête.

*L'Efcadron marchant en colonne, la gauche en tête,
le mettre en bataille à droite.*

On arrêtera la colonne par les mêmes commandemens
qui ont été prefcrits, lorfqu'elle marchoit, la droite en
tête; on commandera enfuite:

1.

À droite = *EN BATAILLE.*

2.

M A R C H E.

Au premier commandement, le Lieutenant de gauche
fe portera fur l'alignement des Brigadiers, guides de la
colonne; & la converfion finie, les Chefs de peloton
commanderont, *halte, à gauche, alignement.*

L'alignement fini, le Chef d'efcadron commandera,
fixe, pour replacer les têtes directes. On répétera les
mêmes mouvemens, au trot, à droite & à gauche.

Rompre par la droite, pour marcher vers la gauche.

Le Chef d'efcadron commandera:

Garde à vous.

Voyez
Pl. XLVIII.

*Pelotons, rompez PAR LA DROITE, pour marcher
VERS LA GAUCHE.*

A ce commandement, le Commandant du premier
peloton, commandera: *peloton, en avant, guide, à gauche,
marche;* puis après avoir marché dix pas en avant, *tournez
à gauche.*

Les autres Chefs de peloton feront exécuter, fucceffivement à leur peloton, ce qui vient d'être prefcrit pour
le premier. Ils auront attention de faire le commandement, de manière à conferver leurs diftances dans la
colonne.

Changer d'allure en marchant en colonne.

On fera rompre à droite par pelotons; on mettra la
colonne en marche, on la fera paffer fucceffivement du
pas au trot, & du trot au pas.

Obfervation.

Le Chef d'efcadron veillera à ce que toutes les fub-divifions de la colonne arrêtent, marchent & changent d'allure, toujours toutes à la fois ; & dans le cas contraire, il fera, ainfi que dans toutes les inftructions de détail, arrêter, pour expliquer ce qui n'auroit pas été entendu, & faire recommencer ce qui n'auroit pas été bien exécuté.

Lorfque les pelotons auront pris de l'enfemble, en marchant en colonne, on pourra, pour les accoutumer aux à-coups qui arrivent quelquefois dans les colonnes confidérables, & pour les confirmer dans les principes donnés, commander au dernier peloton de ralentir fon allure, feulement pendant quelques pas ; on fera exécuter la même chofe au troifième peloton, ce qui obligera le quatrième, d'en faire autant ; & après avoir ainfi rendu fenfible, l'inconvénient qui proviendroit de cette inégalité d'allure, les pelotons qui auront ralenti, reprendront leur diftance. On fuivra cette méthode, fucceffivement pour tous ceux de la colonne.

On pourra auffi faire augmenter & diminuer infenfi-blement l'allure à la tête de la colonne, fans comman-dement, afin de juger de l'attention des guides, & de les habituer à regarder devant eux, pour fuivre toutes les différentes progreffions d'allure, que prendront les fubdivifions qui les précèdent.

La tête de la colonne ne doit pas répéter, coup fur coup, ces changemens : il eft néceffaire, dans les premiers momens, d'en faire peu d'ufage, & de ne les augmenter qu'infenfiblement, à mefure que l'efcadron y fera plus habitué.

Changer de direction par des converfions fucceffives.

Le Chef d'efcadron donnera fes ordres au Comman-dant de la première fubdivifion de la colonne, & celui-ci commandera :

1. *Tournez*

1.

Tournez = *À DROITE.*

2.

EN AVANT.

Chaque Commandant de subdivision fera successivement les mêmes commandemens, à mesure que sa subdivision arrivera dans le point, où aura tourné la première.

Ce mouvement s'exécutera, d'après les principes donnés précédemment.

Observations.

Au moment du changement de direction, le Chef d'escadron donnera un nouveau point de vue au Sous-lieutenant qui est sur le flanc de la première subdivision, & l'indiquera en même temps, à celui qui est sur le flanc de la troisième.

Un des Maréchaux-des-logis de l'escadron, doit, dans le changement de direction, se porter au point où le pivot de la conversion de la première subdivision de la colonne, a commencé à tourner, & y rester jusqu'à ce que la dernière subdivision ait fait son mouvement, afin de servir de point d'indication aux Commandans des pelotons, pour qu'ils ne fassent pas leur commandement, ni trop tôt, ni trop tard.

Si l'une de ces deux fautes avoit lieu, les guides perdroient nécessairement leur direction.

L'observation exacte des distances, après les changemens de direction, tient à l'égalité que les différentes subdivisions de la colonne doivent mettre dans le doublement de l'allure prescrite aux ailes marchantes. Il est donc important que la première troupe de la colonne, ne tourne ni trop vivement, ni trop lentement, & que chaque subdivision règle le degré de vîtesse de sa conversion, bien exactement sur celle de la subdivision qui la précède.

Le Chef d'escadron ordonnera ensuite au Commandant

Cavalerie.   M m

de la première subdivision, de changer de direction à gauche, & celui-ci commandera:

I.

Tournez = À GAUCHE.

2.

EN AVANT.

Ce mouvement s'exécutera d'après les mêmes principes.

Au lieu de prévenir le Commandant de la première subdivision du changement de direction qu'il doit exécuter, le Chef d'escadron pourra, s'il le juge à propos, faire lui-même le commandement d'avertissement : *tournez* = *à droite*, où *tournez* = *à gauche*, sans le couper : il sera alors répété & exécuté comme il vient d'être expliqué.

Si, après avoir rompu à droite ou à gauche, de pied-ferme, on veut diriger la colonne vers un point quelconque placé à sa droite ou à sa gauche, on la fera changer de direction par les commandemens, & d'après les principes qui viennent d'être détaillés.

La première subdivision de la colonne exécutera alors sa conversion, à pivot mouvant ; toutes les autres subdivisions marcheront en avant, & viendront tourner dans le même point où aura tourné la première.

Changer de direction en marchant en colonne, par pelotons, pour faire face du côté opposé à la direction de la colonne.

On commandera :

Garde à vous.

I.

Pelotons = DEMI-TOUR À DROITE.

2.

MARCHE.

Voy. PL. XLIX.

Au premier commandement, l'aile de chaque peloton qui doit servir de pivot dans la conversion, se préparera à arrêter, sans cependant changer d'allure.

Au fecond commandement, les pivots arrêteront ; les ailes marchantes tourneront à l'allure, dont la colonne marchoit précedemment ; elles obferveront toutes de fe régler fur celle du peloton qui eft à la tête de la colonne, afin d'arriver en même temps que lui, à l'emboîtement, à la fin du premier quart de converfion. En commençant le déboîtement, elles fe règleront fur l'aile marchante de la fubdivifion qui doit avoir la tête de la colonne, après que le fecond quart de converfion fera terminé.

Le fecond quart de converfion étant près de finir, le Commandant de l'efcadron commandera, *en avant*, ce qui fera répété par tous les Chefs de peloton, & le mouvement s'exécutera comme il eft prefcrit à *l'article 4 de ce Titre*. Les Commandans de peloton commanderont alors, *guide, à droite* ; les Sous-lieutenans, dans ce mouvement, iront fe replacer à côté du guide de la première & de la troifième fubdivifion de la colonne.

Le Capitaine & le Sous-lieutenant de remplacement, fe placeront à hauteur du premier rang du deuxième & du quatrième peloton, toujours fur l'aile oppofée au côté des guides.

On fera enfuite exécuter à la colonne un changement de direction femblable, par le commandement : *pelotons, demi-tour à gauche*. Ce mouvement s'exécutera d'après les mêmes principes, & les Commandans de pelotons, à la fin du mouvement, commanderont, *guide, à gauche*.

L'on fera arrêter la colonne.

Changer de direction, la colonne étant arrêtée.

On placera le premier peloton de la colonne, par un à-gauche, dans la direction que l'on fe propofe de prendre, & l'on commandera : *Voyez* Pl. L. *Fig. 1.*

Colonne, par la droite ⹀ PRENEZ LA DIRECTION DE LA TÊTE.

A ce commandement, les Commandans des trois derniers pelotons commanderont, *à droite, par trois, au trot, marche, en avant*. Pendant la durée du mouvement, le Commandant de chaque peloton fe placera à la gauche de l'homme du premier rang de fon peloton ; il le fera tourner à gauche, plus ou moins, pour fe diriger un peu en arrière du point où le guide doit être placé, dans la nouvelle direction. Il conduira la tête de son peloton ; s'arrêtera à hauteur des guides, & commandera, *à gauche par trois, marche*, au moment où le dernier rang arrivera près de lui ; ensuite, *halte, à droite, alignement & fixe.*

Voyez Pl. L. *Fig. 2.*

On répétera le même mouvement, en sens contraire, & pour cela, on fera faire un à-droite au premier peloton de la colonne ; on commandera ensuite : *colonne, par la gauche, prenez la direction de la tête.* Les Commandans des trois derniers pelotons commanderont : *à gauche par trois, au trot, marche, en avant.* Ils se conformeront d'ailleurs, en sens contraire, à tout ce qui a été prescrit dans le mouvement précédent.

La Colonne étant arrêtée, lui faire gagner du terrain vers un de ses flancs.

L'on exercera aussi l'escadron à gagner du terrain vers un de ses flancs, étant en colonne, sans changer la direction de la tête ; on fera pour cela, exécuter à toutes les subdivisions de la colonne, à la fois, le mouvement d'à-droite par trois, & celui d'à-gauche par trois. Pour se replacer, on répétera le même mouvement par la gauche.

L'Escadron étant en colonne par pelotons, le former en avant en bataille.

On commandera :

Garde à vous.

I.

En avant == *EN BATAILLE*

2.

MARCHE.

Voyez Pl. LI.

Au premier commandement, le Commandant du premier peloton commandera, *en avant* ; les Commandans des trois autres pelotons commanderont, *demi-à-gauche.*

Au second commandement, le premier peloton marchera dix pas en avant, fera halte & s'alignera à droite,

au

au commandement de fon Chef; chacun des autres Commandans de peloton, après que le demi-à-gauche fera
exécuté, commandera, *en avant*; quand la file droite de
fon peloton fera près d'arriver à hauteur de la file gauche
du peloton qui eft à fa droite, il commandera, *demi-à-
droite, marche, en avant* & *halte*, à hauteur des ferre-files;
enfuite, *à droite, alignement.*

Rompre par la gauche pour marcher vers la droite.

Le Chef d'efcadron commandera :

Garde à vous.

Pelotons, rompez PAR LA GAUCHE, *pour marcher*
VERS LA DROITE.

A ce commandement, le Chef du quatrième peloton
commandera, *peloton, en avant, guide, à droite, marche.* Puis,
après avoir marché dix pas en avant, *tournez à droite &
en avant.*

Les autres Chefs de peloton feront exécuter fucceffivement à leur peloton, ce qui vient d'être prefcrit pour
le quatrième; ils auront attention de faire leurs commandemens, de manière à conferver leurs diftances dans la
colonne.

L'on exécutera, la gauche en tête, les marches en
colonne & les divers changemens de direction qui
viennent d'être exécutés, la droite en tête, & d'après
les mêmes principes. On fera enfuite reformer l'efcadron
en avant en bataille, ce qui s'exécutera en fens contraire,
ainfi qu'il vient d'être détaillé.

On exécutera au trot, les mêmes mouvemens.

Rompre en arrière par la droite pour marcher vers la gauche.

Le Chef d'efcadron commandera :

Garde à vous.

Voyez PL. LII.

Pelotons, rompez en arrière, PAR LA DROITE,
pour marcher VERS LA GAUCHE.

A ce commandement, le Chef du premier peloton
commandera, *peloton, demi-tour à droite, marche, en avant,*

Cavalerie.   N n *guide, à gauche.* Puis, après avoir marché dix pas, *tournez à droite, & en avant.*

Les autres Chefs de peloton feront exécuter fucceffivement les mêmes mouvemens, de manière à conferver leurs diftances dans la colonne ; ils obferveront de faire leur commandement très-promptement, fans cela les diftances s'alongeroient.

L'Efcadron marchant en colonne par pelotons, la droite en tête, lui faire gagner du terrain vers un de fes flancs.

On fera rompre par pelotons à droite, on mettra la colonne en marche, puis on commandera, *oblique à droite, marche;* enfuite, après avoir marché quelque temps de cette manière, on commandera, *en avant, guide, à gauche.*

Enfuite, *oblique à gauche, marche;* & après avoir marché ainfi quelque temps, on commandera, *en avant.*

Obfervations.

Le Chef d'efcadron doit veiller, dans ce mouvement, à ce que le Brigadier de chaque peloton qui fe trouve placé à l'aile vers laquelle on oblique, prenne une direction femblable à celle de la tête de la colonne, de manière qu'au commandement, *en avant,* les guides fe trouvent exactement à leurs chefs-de-file.

C'eft auffi le Brigadier de l'aile vers laquelle on oblique, qui doit, dans ce cas, répondre de la diftance.

On répétera ces deux mouvemens au trot; & on arrêtera la colonne.

L'Efcadron étant en colonne par pelotons, la droite en tête, le mettre en bataille, faifant face au côté oppofé à la direction de la colonne.

On commandera :

Garde à vous.

I.

En avant, ordre inverse = *EN BATAILLE.*

2.

MARCHE.

Au premier commandement, le Commandant du *V.* Pl. LII *bis.*
premier peloton commandera, *en avant*, & les trois autres,
demi-à-droite.

Au second commandement, le premier peloton se
portera dix pas en avant, & fera *halte.* Tous les autres
feront un demi-à-droite, se porteront en avant, & se
mettront successivement en bataille par un demi-à-gauche,
sur l'alignement du premier. Ces mouvemens s'exécuteront au commandement de chaque Chef de peloton.
L'escadron étant formé, le Chef d'escadron commandera,
*pelotons, demi-tour à gauche, marche, halte, à droite,
alignement* & *fixe.* Ce qui s'exécutera, d'après les principes donnés précédemment.

Rompre en arrière par la gauche pour marcher vers la droite.

Le Chef d'escadron commandera :

Garde à vous.

*Pelotons, rompez en arrière, PAR LA GAUCHE, pour marcher
VERS LA DROITE.*

A ce commandement, le Chef du quatrième peloton,
commandera, *peloton, demi tour à gauche, marche, en avant,
guide, à droite;* puis, après avoir marché dix pas, *tournez
à gauche, en avant.*

Les autres Chefs de peloton feront exécuter successivement les mêmes mouvemens, de manière à conserver
leur distance dans la colonne.

L'Escadron marchant en colonne par pelotons, la gauche en tête, lui faire gagner du terrain vers un de ses flancs.

On fera rompre par pelotons à gauche, on mettra
l'escadron en marche, & l'on commandera, *oblique à
gauche, marche.* Puis, *en avant*, on fera obliquer à droite,

& l'on répétera ces deux mouvemens au trot, après quoi, l'on arrêtera la colonne.

L'Escadron étant en colonne par pelotons, la gauche en tête, le mettre en bataille, faisant face au côté opposé à la direction de la colonne.

On commandera:

Garde à vous.

1.

En avant, ordre inverse = EN BATAILLE.

2.

MARCHE.

Le Commandant du quatrième peloton commandera, *en avant*, & les trois autres, *demi-à-gauche;* puis, pour se remettre en bataille, *demi-à-droite*. L'escadron formé, le Chef d'escadron commandera, *pelotons, demi tour à droite, marche, halte, à gauche alignement* & *fixe.*

L'Escadron marchant en colonne par pelotons, le mettre en bataille, sans arrêter la colonne.

L'escadron ayant été exercé à rompre & à se former en bataille, de pied-ferme, à droite & à gauche, on exécutera les mêmes mouvemens, en marchant à toutes sortes d'allures, & sans faire arrêter; alors, au lieu du commandement *halte*, on fera le commandement *en avant,* qui servira à replacer les têtes directes; & au lieu du commandement *à droite*, ou *à gauche, alignement ,* celui *guide, à droite* , ou *guide, à gauche.*

Observation.

Dans ces mouvemens, les Officiers qui doivent marcher à la tête des subdivisions , lorsqu'elles seront en colonne, s'y porteront, seulement pendant la durée de la conversion qu'elles exécuteront, pour rompre l'escadron: ils resteront aussi devant le front de la subdivision, au commandement,

commandement, *à droite*, ou *à gauche en bataille*, & ne regagneront leur place de bataille, qu'au commandement, *marche*.

L'Escadron marchant en colonne par pelotons, le mettre en bataille du côté opposé aux guides, sans arrêter la colonne.

La colonne marchant, la droite en tête, on fera former à droite en bataille, & l'on commandera, *à droite, ordre inverse, en bataille*. On fera ensuite former à gauche en bataille, en marchant la gauche en tête, par le commandement, *à gauche, ordre inverse, en bataille*.

Observations.

Les Lieutenans resteront sur les ailes de l'escadron ; le Capitaine de la première division, ainsi que le Capitaine & le Sous-lieutenant de remplacement, se placeront devant le front, vis-à-vis du centre de l'escadron, & de leurs pelotons.

Le Capitaine de la seconde division, les Sous-lieutenans & les Maréchaux-des-logis, resteront en serre-files.

Un escadron ainsi inverti, ne fera aucune autre évolution, qu'après s'être remis dans l'ordre naturel.

Ces mouvemens s'exécuteront, sans arrêter, au pas & au trot.

L'Escadron marchant en colonne par pelotons, le mettre en bataille en avant sans arrêter la colonne.

On fera exécuter, au trot, & en marchant, les mouvemens *d'en avant en bataille*, mais on arrêtera toujours à la fin du mouvement.

On exercera aussi l'escadron à se former en bataille sur une ligne donnée, & pour cela, on placera deux bas Officiers, se faisant face l'un à l'autre, en avant de la colonne, à la distance du front d'un escadron, & dans une direction parallèle ou oblique, relativement à celle de la colonne. La première subdivision de cette même colonne arrêtera à hauteur de ces bas Officiers, & s'alignera parallèlement à eux, de manière que la tête du cheval du Brigadier de l'aile fur laquelle on doit s'aligner, fe trouve à hauteur de la botte du Maréchal-des-logis placé dans un des points; les autres fubdivifions viendront fe former & s'aligner fur celle-là.

L'Efcadron marchant en colonne par pelotons, le mettre en bataille, fans arrêter la colonne, faifant face au côté oppofé à fa direction.

Ce mouvement s'exécutera, d'après les mêmes principes que le précédent.

Paffage d'obftacles ou de défilés en colonne avec diftance.

Pour exercer l'efcadron au paffage d'obftacles, ou de défilés, en marchant en colonne, on commencera par rompre à droite par pelotons, & faire marcher la colonne. Si le terrain ne préfente point d'obftacles, on fera marquer par un Maréchal-des-logis, l'endroit où l'on fuppofe qu'il s'en préfente un, & celui où l'on fuppofe qu'il finit.

L'Efcadron marchant en colonne par pelotons, la droite en tête, faire dédoubler par fections, & reformer les pelotons.

Lorfque la première fubdivifion de la colonne arrivera au bas Officier qui défigne le commencement de l'obftacle, l'Officier qui conduit cette fubdivifion commandera :

Garde à vous.

I.

Par fections == ROMPEZ LE PELOTON.

2.

MARCHE.

Voyez Pl. LIII.

Au fecond commandement, les files qui compofent la première fection, continueront de marcher; celles qui compofent la feconde fection , après avoir ralenti pour le déboîter, obliqueront à droite, en doublant leur allure, pour fe former derrière la première fection, fans laiffer de diftance.

Les Commandans de peloton & les ferre-files qui, dans ce mouvement, ne peuvent refter à leur place, fe porteront fur le flanc de la colonne, à hauteur de leur fubdivifion.

Tous les autres pelotons exécuteront ce mouvement, à mefure qu'ils arriveront au bas Officier qui indique le commencement de l'obftacle.

Auffitôt que le peloton de la tête de la colonne arrivera à hauteur de celui qui défigne la fin de l'obftacle, l'Officier qui conduit la première fubdivifion, commandera :

Garde à vous.

I.

Formez = LE PELOTON.

2.

M A R C H E.

Au fecond commandement, la fection qui a doublé derrière l'autre, reprendra fa place, en doublant l'allure ; les Commandans de peloton & les ferre-files reprendront auffi la leur.

Toutes les autres fubdivifions de la colonne exécuteront le même mouvement, après avoir paffé l'obftacle.

On fera exécuter ces doublemens & dédoublemens, l'efcadron marchant au pas & au trot.

Obfervations.

Lorfqu'on dédouble par fections, il faut avoir la plus grande attention d'obliquer avec célérité, & en gagnant du terrain en avant, fans quoi la colonne feroit obligée de fe prolonger.

Il faut auffi, par la même raifon, lorfqu'on eft rompu par fections, que les rangs marchent près les uns des autres.

Cette attention doit être la même dans toutes les colonnes prolongées.

L'Escadron marchant en colonne, par pelotons, la droite en tête, faire rompre par trois, par un, marcher par trois & former les pelotons.

Pour exécuter ces mouvemens, on placera quatre bas Officiers, à d'assez grandes distances les uns des autres, pour désigner l'endroit où l'obstacle oblige à rompre par trois, celui où il se rétrécit ; de manière à forcer de marcher par un, celui où il se rélargit, de manière à permettre de marcher par trois, & enfin celui où il se termine.

En arrivant au défilé, le Commandant du peloton, qui aura la tête de la colonne, commandera :

Garde à vous.

1.

PAR TROIS.

2.

MARCHE.

Au second commandement, les trois files de droite se porteront en avant. Les trois files qui étoient à leur gauche, entreront dans la colonne par le mouvement d'oblique à droite ; il en sera de même de toutes celles du peloton, les unes après les autres.

Les Commandans des autres pelotons feront rompre par trois, à mesure qu'ils arriveront à l'endroit où a rompu le premier peloton.

Si l'on étoit contraint de faire marcher par trois, en partant de l'ordre de colonne par sections, le mouvement s'exécuteroit de la même manière.

Lorsque la colonne arrivera à hauteur du second bas Officier, le Commandant du premier peloton commandera :

Garde à vous.

1.

PAR UN.

2.

MARCHE.

Au fecond commandement, la file de droite de la tête de la colonne fe portera en avant, elle fera fuivie par celle qui eft à fa gauche, qui rentrera dans la colonne par le mouvement d'oblique à droite. Celle-ci le fera de la troifième, & ainfi de fuite, de toutes les autres du premier peloton, à mefure qu'elles arriveront à hauteur du bas Officier, près duquel les trois premières ont dédoublé.

Tous les autres pelotons exécuteront le même mouvement de la même manière, & au même point où le premier l'aura exécuté.

Lorfque l'Officier qui commande le premier peloton, aura dépaffé le troifième bas Officier d'un nombre de pas fuffifant, pour que fon peloton puiffe y tenir en colonne par trois, il commandera :

Garde à vous.

1.

Par trois ═. AU TROT.

2.

MARCHE.

Au fecond commandement, toutes les files du premier peloton, excepté la première, doubleront leur allure pour fe former par trois, les unes derrière les autres, & à leur diftance ; la première file continuera de marcher au pas, & toutes les autres reprendront la même allure, à mefure qu'elles arriveront à leur diftance.

Auffitôt que le premier peloton fera formé par trois, le Chef d'efcadron fera ralentir l'allure de moitié, pendant un efpace de temps égal à celui qui feroit néceffaire pour parcourir la profondeur de fon efcadron fur une feule file, afin de donner aux autres pelotons le temps de ferrer à leur diſtance, ſans être obligés de trotter, après avoir doublé par trois.

Tous les pelotons ſe formeront par trois, comme le premier de la colonne, & au même point où il s'eſt formé, ils reprendront leur diſtance au pas, lorſqu'ils le feront, & ſe règleront enſuite ſur l'allure de ceux qui les précèdent.

Lorſque le Commandant de la première ſubdiviſion verra que le premier peloton aura dépaſſé le dernier bas Officier qui déſigne l'endroit où finit l'obſtacle, il commandera :

Garde à vous.

I.

Formez = *LE PELOTON AU TROT.*

2.

M A R C H E.

Au ſecond commandement, les trois premières files continueront de marcher au pas, & toutes les autres files du même peloton viendront, par le chemin le plus court & en doublant l'allure, ſe former à la gauche des trois premières; elles reprendront le pas en y arrivant.

Auſſitôt que le premier peloton ſera formé, le Chef d'eſcadron fera ralentir l'allure, de moitié, pendant un eſpace de temps égal à celui qui feroit néceſſaire pour parcourir la profondeur de la colonne rompue par trois, afin de donner aux autres pelotons le temps de ferrer à leur diſtance, ſans être obligés de trotter, après s'être formés.

Tous les pelotons ſe formeront comme le premier de la colonne, & au même point. Ils reprendront leur diſtance au pas, lorſqu'ils le feront, & ſe règleront enſuite ſur l'allure de ceux qui les précèdent.

L'Escadron marchant en colonne par Pelotons, la droite en tête, le mettre en bataille sur son flanc droit, dans l'ordre naturel.

Le Chef d'escadron fera désigner, vers le flanc droit *Voyez* Pl. LIV. de la colonne, par deux bas Officiers qui se feront face l'un à l'autre, l'alignement sur lequel il voudra former son escadron. Il aura soin que ces bas Officiers soient à la distance du front d'un escadron l'un de l'autre, & que le plus rapproché de la colonne soit au moins, à douze ou quinze pas en avant de la première subdivision, & à pareille distance de son flanc droit ; il commandera :

Garde à vous.

I.

Sur la droite = *EN BATAILLE.*

2.

M A R C H E.

Au second commandement, le Commandant du premier peloton, commandera, *tournez à droite,* & tous les autres Commandans de peloton, *guide, à droite.*

Le premier peloton exécutera sa conversion & se portera en avant sur l'alignement des Maréchaux-deslogis, de manière que le Brigadier de droite du premier peloton, soit vis-à-vis du bas Officier qui étoit le plus rapproché de la colonne, la tête de son cheval touchant la botte de ce bas Officier. Le peloton s'alignera correctement, & le Chef d'escadron se portera à la droite pour y veiller.

Chacun des autres pelotons tournera à droite de la même manière que le premier, à mesure que le Brigadier de l'aile droite sera près d'arriver à hauteur du Brigadier de l'aile gauche du peloton qui doit être placé à sa droite. La conversion finie, il se portera en avant, arrêtera à hauteur des serre-files, & s'alignera. Tous ces mouvemens s'exécuteront au commandement du Chef de chaque peloton.

Obfervations.

Les Cavaliers doivent obferver, en fe formant fur la droite en bataille, de ne point fe jeter du côté de la nouvelle ligne de bataille, ni du côté oppofé, mais de fuivre toujours une direction parallèle à celle dans laquelle l'efcadron doit être placé.

Lorfque ce mouvement s'exécute à une allure vive, il faut que le pivot de chaque converfion, décrive un arc-de-cercle affez alongé, & que l'aile marchante, tourne avec affez de rapidité, pour que le refte de la colonne ne foit pas arrêté dans fa marche.

On rompra enfuite par pelotons à gauche, & l'on mettra la colonne en marche.

L'Efcadron marchant en colonne par pelotons, la gauche en tête, faire dédoubler par fections &
reformer les pelotons.

On commandera :

Garde à vous.

1.

Par fections = *R O M P E Z   E P E L O T O N.*

2.

M A R C H E.

La deuxième fection du quatrième peloton fe portera en avant, & la première obliquera à gauche pour fe porter derrière elle, en doublant l'allure. Il en fera de même des fections de chacun des pelotons de la colonne. Tout le refte s'exécutera, d'après les mêmes principes qui ont été donnés pour les colonnes marchant la droite en tête.

On reformera les pelotons auffi, d'après les mêmes principes.

L'Efcadron

L'Efcadron marchant en Colonne par Pelotons, la gauche en tête, faire rompre par trois, par un, marcher par trois & former les pelotons.

On fera les mêmes difpofitions que pour les paffages d'obftacles, la droite en tête, & l'on commandera:

Garde à vous.

1.

PAR = TROIS.

2.

MARCHE.

Au fecond commandement, les trois files de gauche fe porteront en avant, & feront fuivies des autres, de la gauche à la droite.

On fera marcher par un, doubler par trois, & former les pelotons par les mêmes commandemens, & d'après les mêmes principes qui ont été donnés pour les colonnes qui ont la droite en tête.

L'Efcadron marchant en Colonne par Pelotons, la gauche en tête, le mettre en bataille fur fon flanc gauche, dans l'ordre naturel.

Les pelotons étant formés, on placera deux bas Officiers en avant du flanc gauche de la colonne, & l'on commandera:

Garde à vous.

1.

Sur la gauche = EN BATAILLE.

2.

MARCHE.

Ce mouvement s'exécutera de la même manière qui vient d'être prefcrite, pour fe former fur la droite, lorfque la colonne avoit la droite en tête.

Cavalerie.   Q q

Marcher en Colonne ferrée.

La Colonne marchant par Pelotons, la droite en tête, faire former l'Efcadron.

Voyez Pl. LV.
Fig. 1.

Pour préparer les pelotons à ce qu'ils auront à exécuter, lorfqu'on voudra former la colonne ferrée, on commandera :

Garde à vous.

1.

Former = L'ESCADRON.

2.

MARCHE.

Au premier commandement, le Commandant du premier peloton, commandera, *oblique à droite, au trot;* celui du fecond peloton, commandera, *en avant, au trot,* & ceux des troifième & quatrième pelotons, commanderont, *oblique à gauche, au trot.*

Au fecond commandement, répété par tous les Commandans de pelotons, le mouvement s'exécutera.

Auffitôt que le premier peloton aura appuyé à droite de la longueur de fon front, l'Officier qui le conduit lui fera le commandement, *en avant.* Celui du troifième peloton fera le même commandement, après avoir appuyé à gauche, de la longueur de fon front, & celui du quatrième peloton après avoir appuyé à gauche, l'étendue de deux fois la longueur de fon front, lorfque le fecond peloton fera parvenu à la hauteur du premier, l'Officier qui le conduit, commandera, *guide à droite.* Tous les autres Commandans de pelotons feront le même commandement, lorfque leur premier rang arrivera à hauteur de celui des pelotons déjà formés.

L'Efcadron marchant de front, le rompre en avant par Pelotons.

Voyez Pl. LV.
Fig. 2.

La colonne étant fuppofée marcher, la droite en tête, on commandera :

Garde à vous.

1.

Par Pelotons, ROMPEZ = *L'ESCADRON.*

2.

MARCHE.

Au premier commandement, le Commandant du premier peloton, commandera, *en avant, au trot.*

Les Commandans des trois autres pelotons, commanderont, *oblique à droite, au trot.*

Au second commandement, le premier peloton se portera en avant, au trot, & reprendra le pas au commandement de son Chef, après avoir parcouru la longueur du front d'une division; tous les autres pelotons obliqueront à droite, & se porteront successivement en avant, à mesure qu'ils arriveront derrière leur guide, & à leur distance dans la colonne.

On reformera ensuite l'escadron, comme il a été prescrit précédemment.

Puis on le fera rompre de nouveau, en supposant que la colonne marche, la gauche en tête.

Ce mouvement s'exécutera par les mêmes commandemens, & d'après les mêmes principes qui viennent d'être détaillés, en observant que le quatrième peloton marchera droit devant lui, & que les autres se formeront en colonne derrière lui, en obliquant à gauche.

La Colonne marchant par Pelotons, la gauche en tête, faire former l'Escadron.

L'escadron marchant en colonne par pelotons, la gauche en tête, on le fera former par les mêmes commandemens & par les mêmes principes que s'il marchoit en colonne, la droite en tête. Dans ce cas, le troisième peloton marchera droit devant lui, le quatrième appuyera à gauche, le premier & le second à droite. Le quatrième peloton servira de base à l'alignement général qui se prendra à gauche.

Observations.

Ces formations d'escadrons peuvent s'exécuter de pied-ferme, d'après les mêmes principes. Le peloton qui doit fervir de bafe d'alignement, obfervera feulement de faire halte, après avoir fuffifamment obliqué & marché quatre pas en avant.

On pourra auffi rompre l'efcadron en avant, fans qu'il foit en marche, & cela s'exécutera d'après les mêmes principes.

Dans les formations d'efcadrons, le peloton qui fe trouve à la tête de la colonne, pourroit facilement prendre trop ou trop peu de terrain. Pour éviter cet inconvénient, il eft néceffaire, fi l'on a la droite en tête, que le Lieutenant de la première divifion de l'efcadron fe tienne vers le flanc gauche de fa fubdivifion, & regarde en arrière de lui, pour juger de l'inftant où il doit faire le commandement, *en avant*. Si, au contraire, on a la gauche en tête, il faut que le fecond Lieutenant fe tienne vers le flanc droit du quatrième peloton, pour remplir le même objet.

Changer de direction en Colonne ferrée, par des converfions fucceffives.

Les changemens de direction fucceffifs que l'efcadron pourroit avoir à exécuter en colonne ferrée, fe feront toujours à pivot mouvant, le pivot décrivant un arc-de-cercle de douze pas, & ralentiffant l'allure en raifon de l'étendue du front de l'efcadron; ce mouvement a été détaillé dans l'article 5 de ce Titre.

Gagner du terrain vers un de fes flancs, en marchant en Colonne ferrée.

Si l'on vouloit gagner du terrain vers la droite ou vers la gauche, fans fe porter en avant, on emploîroit les moyens indiqués à l'article de la marche de flanc.

Gagner du terrain en arrière, en marchant en Colonne ferrée.

On exercera l'efcadron à fe porter en arrière, comme

il

il le feroit étant en colonne ferrée; & pour cela l'efcadron étant en bataille, on commandera:

Garde à vous.

1.

Demi-tour à droite $=$ *PAR TROIS.*

2.

MARCHE.

Au fecond commandement, chaque rang exécutera
fon demi-tour à droite, par trois, d'après les principes
établis dans l'école du Cavalier.

La converfion étant près de finir, on commandera:

EN AVANT.

A ce commandement, tous les Cavaliers fe porteront
droit devant eux, dans la nouvelle direction; les ferre-
files marcheront alors à la tête de l'efcadron, & les
Officiers qui étoient devant le front, fe trouveront en
ferre-file. Les Lieutenans refteront aux ailes de l'efcadron,
& fe porteront à hauteur du fecond rang, devenu premier. Après avoir marché quelque temps en arrière,
on commandera:

1.

Demi-tour à droite $=$ *PAR TROIS.*

2.

MARCHE.

3.

EN AVANT.

Au fecond commandement, les Cavaliers exécuteront
un fecond demi-tour à droite, par trois, de chaque rang.

Au troifième commandement, ils fe porteront en
avant, comme il a été dit ci-deffus.

Obfervations.

Ces mouvemens exigent de la part des Cavaliers de
chaque rang, la plus grande attention, & la plus parfaite
exactitude dans l'exécution.

Cavalerie.   R r

On y exercera l'efcadron en marchant au pas & au trot, mais jamais au galop.

Les pivots de chaque rang de trois, doivent obferver de ranger les hanches de leurs chevaux, avec affez de promptitude pour faciliter l'emboîtement.

Les ailes marchantes doivent auffi ne prendre ni trop ni trop peu de terrain. Les converfions doivent s'exécuter à pivot fixe, & avec beaucoup de calme, fans cela elles occafionneroient du défordre.

Changer de direction en Colonne ferrée, pour faire face du côté oppofé à la Marche.

Voy. Pl. LVI.

On commandera :

Garde à vous.

CONTRE-MARCHE.

A ce commandement, fait par le Chef d'efcadron, le premier Capitaine commandera :

1.

Par Cavalier = À DROITE.

2.

MARCHE.

Au premier commandement, le Cavalier de la droite de chaque rang, fera un à-droite ; celui du fecond rang, fe joignant, dans fon mouvement, à celui du premier.

Au fecond commandement, ces deux Cavaliers marcheront enfemble quelques pas en avant, ils converferont enfuite deux fois confécutivement à droite, puis marcheront droit devant, pour aller fe reformer à hauteur & en arrière de la file gauche de l'efcadron.

Lorfqu'ils y feront arrivés, le Lieutenant de la première divifion de l'efcadron qui aura marché à leur tête, commandera : *par Cavalier à gauche*, *MARCHE.* Ces deux Cavaliers feront chacun un à-gauche pour fe mettre en file, l'un derrière l'autre.

Ce mouvement exécuté, le premier Lieutenant de

l'efcadron commandera, *halte , à droite , alignement ,* & reprendra fa place de bataille.

Tous les Cavaliers de l'efcadron fuivront exactement & promptement les mouvemens des Cavaliers de droite de chaque rang.

Les Officiers & bas Officiers qui font placés à la tête des efcadrons & en ferre-file, en fuivront les mouvemens.

Après que l'efcadron fera formé & aligné, fon Chef commandera : *fixe.*

Lorfque les Cavaliers auront exécuté la contre-marche au pas, on la leur fera répéter au trot.

Obfervations.

Dans les évolutions, la contre-marche s'exécutera toujours au trot.

Il faut avoir attention que la colonne en files, ne deboîte ni trop, ni trop peu vers le flanc droit, avant les deux converfions qu'elle doit faire à droite; le premier inconvénient feroit cependant beaucoup moins fâcheux que le fecond.

On ne fauroit, dans ce mouvement, fe mettre en files, ni fe reformer avec trop de célérité.

La tête de la colonne par files, doit auffi fe diriger bien exactement, à un pas en arrière de la croupe des chevaux de l'aile gauche, fans cela, les Cavaliers ne pourroient pas faire leur à-gauche à la fin du mouve-ment, & les Officiers qui marchent fur les flancs, feroient continuellement arrêtés pendant l'exécution de la contre-marche.

ARTICLE 8.

Inftruction de l'Efcadron, relative à la Marche en bataille.

Des Paffages d'obftacles dans la Marche en bataille.

LES Cavaliers feront exercés aux paffages d'obftacles, dans la marche en bataille, ainfi qu'il fuit :

L'efcadron marchant en bataille, foit que l'obftacle foit réel ou fuppofé, le Chef d'efcadron commandera :

1.

Obftacle.

2.

Premier Peloton, ou bien 2.ᵉ 3.ᵉ 4.ᵉ

3.

HALTE.

V. PL. LVII.

Au fecond commandement, l'Officier qui doit commander le premier peloton, répétera, *halte,* & commandera, immédiatement après, *oblique à gauche, au trot ou au galop, marche.*

Lorfque le premier peloton fe trouvera exactement derrière le fecond, le même Officier commandera, *en avant,* pour faire reprendre la marche directe.

Quand le Chef d'efcadron jugera que le peloton pourra rentrer à fa place, il commandera :

1.

Premier Peloton.

2.

EN LIGNE.

Au fecond commandement, le Commandant du premier peloton, commandera, *oblique à droite, au trot* ou *au galop, marche,* & lorfqu'il fera arrivé vis-à-vis du terrain qu'il devra occuper, le même Officier commandera, *en avant.*

A ce commandement, les Cavaliers alongeront fuffifamment l'allure pour regagner leur place. Quand ils y feront arrivés, le Commandant du premier peloton, commandera, *guide à gauche,* & auffitôt que le peloton aura joint les trois autres, le Chef d'efcadron commandera, *guide à droite.*

On fera exécuter le même mouvement au fecond peloton qui fe mettra en colonne comme le premier, en obliquant à gauche.

Puis

Puis au troifième & au quatrième qui fe mettront en colonne, en obliquant à droite.

On fera enfuite arrêter le premier peloton, puis le fecond, & enfin le troifième, fans en faire rentrer aucun en ligne.

On fera exécuter, par la gauche, ce qui vient d'être prefcrit par la droite, puis on le répétera en marchant au trot.

Lorfque les pelotons refteront en arrière, leur Commandant fe placera fur le flanc, excepté cependant le Capitaine de la première divifion de l'efcadron, qui ne fuivra fon peloton que dans le cas où tout l'efcadron feroit obligé de fe mettre en colonne. Dans toute autre fuppofition, il reftera à fa place de bataille, & le Capitaine de remplacement conduira le fecond peloton.

Obfervations.

Les pelotons qui auront doublé, n'obferveront point de diftance entr'eux.

Les Commandans de peloton doivent avoir la plus grande attention de faire rapidement les divers commandemens qui viennent d'être prefcrits, fans quoi le mouvement ne pourroit s'exécuter avec précifion.

Lorfque plufieurs pelotons doivent refter en colonne, l'un derrière l'autre, chaque Officier doit avoir attention de faire fuivre, exactement & promptement, à fon peloton, tous les mouvemens de celui qui le précède.

De la Marche rétrograde.

L'efcadron devant être exercé à marcher en arrière, ainfi que de front, on commandera, quand on voudra marcher en arrière :

Garde à vous.

1.

Pelotons = DEMI-TOUR À DROITE.

2.

M A R C H E.

Au fecond commandement, les pelotons exécuteront leur demi-tour à droite, les feconds rangs ayant attention de ranger les hanches de leurs chevaux, & les ailes marchantes, de ne pas emboîter trop vivement.

La converfion étant près de finir, on commandera :

E N A V A N T.

L'efcadron reprendra la marche directe, après avoir marché quelque temps en arrière. On fera les mêmes commandemens pour revenir du côté où l'on marchoit précédemment ; on fera par la gauche, ce qui vient d'être expliqué par la droite, & cela s'exécutera en fens contraire, d'après les mêmes principes.

Pendant la durée de la marche rétrograde, les ferre-files refteront fur un rang, à deux pieds en avant des Cavaliers du premier rang.

Les Lieutenans refteront fur les ailes de l'efcadron. Le Capitaine de la première divifion & les Sous-lieutenans feront en ferre-files.

On fera exécuter ces mouvemens de pied-ferme, puis en marchant au pas, au trop & au galop.

Obfervations.

Dans ces mouvemens, les pivots arrêteront ferme au commandement, *marche*, & les Cavaliers du fecond rang rangeront les hanches de leurs chevaux.

Les ailes marchantes doivent faire leur déboîtement & leur emboîtement avec exactitude, & toujours ralentir un peu avant la fin de la converfion, pour que l'emboîtement puiffe fe faire enfemble.

Le Chef d'efcadron obfervera de prononcer la première partie du commandement, *en = avant*, un peu avant que la converfion ne finiffe, afin de préparer les pivots à reprendre l'allure dont la troupe marchoit précédemment, à la feconde partie du même commandement.

Les Officiers qui font à la tête de l'efcadron, doivent alors fe porter en avant, fans cependant prendre tout de fuite une allure trop vive.

École pour la Charge.

Lorsqu'on voudra inftruire un efcadron à exécuter la charge, on le mettra en bataille, à l'extrémité d'un terrain qui préfente une carrière fuffifante & fans obftacles.

On placera enfuite un Officier, à cinquante pas en avant de la droite de l'efcadron ; un autre Officier à cent cinquante pas plus loin, dans la même direction ; un troifième à cent pas du fecond, & le Commandant de l'efcadron fe portera de fa perfonne, à foixante pas de ce dernier, faifant face à la troupe. Il placera un Trompette vis-à-vis le Brigadier de la droite du premier peloton. L'Officier qui fe trouvera commander l'efcadron après lui, fera partir une file après l'autre, en commençant par celle de l'aile droite ; cette première devant, avec celle de la gauche du même peloton, en former l'encadrement. On les fera partir enfemble ; on recommandera à celle de la droite qui fe trouve vis-à-vis le Trompette, de prendre un point intermédiaire, afin de marcher droit fur lui ; & à celle de la gauche, de bien conferver l'intervalle du front de la troupe, & la même allure que la file de la droite, & elles fe mettront en mouvement au pas. Lorfqu'elles feront près d'arriver à la hauteur du premier Officier, il commandera, *au trot, marche ;* le fecond, quand les Cavaliers arriveront à fa hauteur, commandera, *fabre à la main, au galop, marche ;* le troifième commandera : *chargez.* Alors les Cavaliers alongeront l'allure à la plus grande vîteffe, fans perdre leur pofition, & lorfqu'ils arriveront à douze ou quinze pas du Trompette, le Commandant de l'efcadron commandera :

1.

Efcadrons.

2.

H A L T E.

Au premier commandement, les Cavaliers ralentiront leurs chevaux, ils arrêteront au fecond ; alors le Chef d'efcadron, commandera, *à droite, alignement,* & les

Cavaliers s'aligneront de manière, que la tête de leurs chevaux joigne le Trompette.

Chaque file du premier peloton exécutera le même mouvement, puis les files d'encadrement du fecond, & toutes les autres files du même peloton, ainfi de fuite fucceffivement pour celles du troifième & du quatrième.

On fera regagner enfuite l'extrémité du terrain à l'efcadron, & on recommencera l'inftruction en faifant partir enfemble les huit files d'encadrement des quatre pelotons, & enfuite une file de chaque petoton à la fois, commençant par la droite.

L'efcadron regagnera encore l'extrémité du terrain, & le Chef d'efcadron ordonnera de faire charger les pelotons l'un après l'autre, en commençant par celui de la droite; chaque peloton fera conduit par l'Officier qui le commande.

Alors on ne répartira plus, comme auparavant, les Officiers le long du terrain que l'efcadron doit parcourir; mais après que chaque peloton aura fait cinquante pas en avant, le Chef d'efcadron fera fonner un demi-appel. A ce fignal, le Commandant du peloton commandera, *au trot, marche;* auffitôt que le peloton fera au trot, le même Officier commandera, *fabre à la main :* cent cinquante pas plus loin, le Chef d'efcadron fera fonner un demi-couplet de la marche, & le Commandant du peloton commandera, *au galop, marche;* cent pas plus loin, le Chef d'efcadron fera fonner la charge, & le Commandant du peloton commandera, *chargez :* ce même Officier commandera, *Peloton, halte ;* à douze pas du Chef d'efcadron, *& à droite alignement,* les pelotons s'aligneront fucceffivement fur celui de la droite.

On fera regagner de nouveau l'extrémité du terrain à la totalité de l'efcadron, & le Capitaine de la première divifion lui commandera, & lui fera exécuter enfemble toutes les différentes progreffions de la charge, d'après les fignaux que le Chef d'efcadron en fera donner par le Trompette.

Lorfque

Lorfque l'efcadron aura été exercé à charger individuellement par pelotons, & enfemble, en partant d'un
point, on l'exercera à charger, après avoir marché en
colonne avec fes diftances, & fait à gauche en bataille.

On l'exercera auffi à charger après avoir marché
obliquement par pelotons, au pas & au trot; enfin à
charger deux, & même trois fois de fuite, fi le terrain
le permet, en mettant, entre chaque mouvement de
charge, le temps néceffaire pour aligner l'efcadron.

Obfervations.

La charge étant, à la guerre, le mouvement décifif,
& par conféquent le plus important, on ne peut trop
y exercer les Cavaliers.

On veillera, en donnant les principes de la charge,
à ce que les files marchent bien droit; fi l'on s'aperçoit
que les chevaux fe traverfent & que le Cavalier du fecond
rang ne fuive pas exactement fon chef-de-file en chargeant
individuellement, il faut faire recommencèr, en chargeant
par file, cette leçon de détail, jufqu'à ce que ce défaut
foit corrigé.

Les Cavaliers changent quelquefois d'allure avant que
cela foit ordonné, il faut y veiller avec foin, & fur-tout
obferver qu'ils n'alongent le galop qu'au commandement,
chargez.

Au commandement, *efcadron*, il arrive fouvent que
les Cavaliers ne ralentiffent pas affez leurs chevaux pour
pouvoir arrêter à celui de *halte*. C'eft encore à quoi
il faut avoir la plus grande attention.

Enfin, s'il y avoit des chevaux qui s'emportaffent, il
faudroit examiner fi cela provient de la manière dont
ils font embouchés, ou fi c'eft la faute du Cavalier,
afin d'y remédier.

Cavalerie.   T t

ARTICLE 9.
Des Flanqueurs & du Ralliement.
Des Flanqueurs.

LORSQU'ON aura exercé les Cavaliers à tous les mouvemens qui viennent d'être indiqués, on fera fortir la troupe de réferve, en même temps que l'efcadron, afin de l'habituer à en fuivre tous les mouvemens.

Quand l'efcadron marchera en bataille, elle fe tiendra à trente pas en arrière du centre.

Quand l'efcadron fera en colonne, elle marchera à trente pas du centre, fur le flanc oppofé au côté des guides.

Si les difficultés du terrain obligent la troupe de réferve à fe rapprocher de l'efcadron, & qu'elle foit forcée d'entrer dans la colonne, elle fe placera derrière la dernière fubdivifion, fans conferver de diftance, afin de ne pas obliger la première fubdivifion de l'efcadron qui fuivroit, à en prendre plus qu'elle ne doit en avoir.

Dans ce cas, le ferre-file de la dernière fubdivifion fe portera fur le flanc de fon peloton, du côté oppofé au guide, & le Commandant de la troupe de réferve fe placera du même côté.

Porter la Troupe de réferve en avant de l'Efcadron.

On exercera enfuite la troupe de réferve à fe difperfer en tirailleurs, pour couvrir le front, ou les flancs de l'efcadron.

Voyez PL. LX.

L'efcadron étant en bataille, on commandera :

Flanqueurs = *EN AVANT.*

A ce commandement, la troupe de réferve fe rompra par trois par la droite, & au galop, pour paffer par l'intervalle de la droite de l'efcadron dont elle fait partie.

A mefure que les fix premières files de cette troupe dépafferont l'alignement de l'efcadron, les Cavaliers fe difperferont en Tirailleurs.

Ils s'étendront de manière à couvrir la totalité du front de l'efcadron. Le premier Cavalier de droite du premier rang, fe portera à foixante pas en avant & vis-à-vis de la droite de l'efcadron; le Cavalier de droite du fecond rang, qui fuivoit immédiatement le premier, fe portera à fa gauche, & fur le même alignèment, ainfi de fuite.

Les tirailleurs, en fe portant en avant, mettront le fabre à la main, pafferont le poignet dans le cordon du fabre, laifferont pendre le fabre, & prendront le piftolet gauche.

Le refte de la troupe de réferve fe formera fur deux rangs, à trente pas en avant du centre de l'efcadron, & mettra le fabre à la main.

Lorfque l'efcadron fe portera en avant, cette troupe marchera droit devant elle. Les tirailleurs feront le même mouvement; & quand on ordonnera de commencer à tirer, ils feront feu les uns après les autres, commençant par celui qui eft à la droite.

Cette troupe, ainfi que les tirailleurs qui en feront détachés, fuivront tous les mouvemens de l'efcadron. S'il tourne à droite, les tirailleurs feront, par Cavalier, à droite, pour venir fe placer devant le front, & la petite troupe fuivra le mouvement, en faifant *à droite par trois*. *Voyez* PL. LXI. Si l'efcadron tourne à gauche, les tirailleurs feront, par Cavalier, à gauche, pour fe placer également devant le front, & la petite troupe fera *à gauche par trois*. Enfin, fi l'efcadron marche en arrière, la petite troupe fera fon mouvement rétrograde pour le fuivre, & les tirailleurs exécuteront leur retraite en échiquier, ainfi qu'il fuit.

Tous les tirailleurs qui étoient du premier rang, feront demi-tour à gauche, par Cavalier, & marcheront en arrière pendant cinquante pas; ils feront enfuite demi-tour à-droite, par Cavalier, pour fe remettre. Tous les tirailleurs qui étoient du fecond rang, feront alors leur demi-tour à gauche, par Cavalier, pour venir fe placer à cinquante pas en arrière de ceux qui feront déjà formés, ainfi de fuite, tant que l'efcadron marchera en arrière.

Lorfque l'efcadron fe remettra, la troupe & les tirailleurs s'arrêteront, & feront le même mouvement.

Lorfque l'efcadron marchera en avant, les tirailleurs fe reformeront fur un rang, & marcheront auffi en avant.

Si l'on a ordonné aux tirailleurs de faire feu, ceux qui feront dans le fecond rang ne tireront point.

Lorfqu'on voudra faire rentrer les tirailleurs à la troupe de réferve, on fera fonner deux appels, avec un petit intervalle entre les deux; au premier appel, les tirailleurs arrêteront, s'ils font en mouvement, & cefferont de faire feu. Au fecond appel, ils rentreront à la troupe dont ils font partie.

Si l'on veut enfuite faire repaffer cette troupe derrière l'efcadron, on fera fonner un troifième appel, & alors elle rompra par trois au galop, pour paffer par l'intervalle qui eft à la droite de fon efcadron, & venir fe reformer derrière le centre.

Si le Commandant de la troupe de réferve veut faire retirer fes tirailleurs, fans fignal de Trompette, pour les remplacer par d'autres, il leur en fera donner l'ordre.

Si l'on jugeoit à propos de faire rentrer les troupes de réferve & les tirailleurs, en même temps, on feroit fonner le ralliement, alors chaque Cavalier viendroit, par le chemin le plus court, fe reformer derrière fon efcadron.

Obfervations.

Dans toutes les circonftances, les tirailleurs rentreront & fortiront au trot alongé, ou au galop. Ils ne mettront jamais le piftolet à la main, que quand ils feront difperfés.

Les tirailleurs ne tireront jamais, qu'ils ne fe trouvent à la portée fuffifante de l'ennemi, ou que cela ne foit ordonné.

Ils

Ils ne fe retireront que par demi-tour à gauche, & ne fe remettront que par demi-tour à droite.

Lorfqu'ils fe reformeront en peloton, ils remettront les piftolets dans les fontes, & garderont le fabre à la main.

Augmenter le front de l'Efcadron par la Troupe de réferve.

La troupe de réferve devant quelquefois rentrer dans l'efcadron pour en augmenter le front, on défignera d'avance, les files deftinées à chaque peloton, & on commandera enfuite :

1.

Peloton de réferve.

Voy. Pl. LXII. Fig. 1.

2.

E N   L I G N E.

Au premier commandement, les Cavaliers des trois feÎtions de la droite de l'efcadron, appuyeront à droite, & ceux des trois feÎtions de la gauche, appuyeront à gauche, de manière à laiffer dans le centre de chaque peloton, la place néceffaire pour les files qui doivent y entrer.

Au fecond commandement, les Cavaliers de la troupe de réferve iront, avec la plus grande rapidité, fe placer dans les pelotons pour lefquels ils font deftinés.

Le Capitaine de la première divifion & les Sous-lieutenans défigneront fur le champ, le centre de chaque peloton.

On exercera l'efcadron à marcher ainfi fur un plus grand front, on fera enfuite reformer le peloton de ré-ferve, & pour cela on commandera : *formez le peloton de réferve.*

V. Pl. LXII. Fig. 2.

A ce commandement, les files du peloton de réferve, reculeront & viendront fe réunir derrière l'efcadron, en faifant des demi-tours à droite par trois de chaque rang. L'efcadron fe refferrera fur fon centre.

Pendant tout le temps que le peloton de réferve fera

en ligne, l'Officier furnuméraire se placera en serre-file, à la gauche du Capitaine de la seconde division. Auffitôt que le peloton de réserve sera reformé, il en reprendra le commandement.

Porter le quatrième Peloton en avant pour soutenir les Tirailleurs.

On fera quelquefois disperser la totalité de la troupe de réserve en tirailleurs, & porter le quatrième peloton en avant pour la soutenir ; on commandera alors : *quatrième peloton en avant.*

> A ce commandement, le Lieutenant de l'aile gauche de l'escadron se portera en avant, à la tête du quatrième peloton, & le fera obliquer à droite, au trot alongé, & au galop, de manière à se trouver devant le centre de l'escadron ; il continuera alors de marcher droit devant lui, pour soutenir les tirailleurs.

Lorsqu'on voudra faire rentrer le quatrième peloton, on fera sonner le ralliement. Le Lieutenant qui le commande lui fera reprendre sa place de bataille, & les tirailleurs du peloton de réserve viendront, chacun par le chemin le plus court, se reformer derrière leur escadron.

Disperser le quatrième Peloton en Tirailleurs à la pourfuite de l'Ennemi.

On exercera aussi le quatrième peloton de l'escadron à fortir rapidement, & à se disperser en tirailleurs, comme il le feroit après une charge, pour pourfuivre l'ennemi : dans le cas où l'on auroit disposé d'une autre manière des Cavaliers du peloton de réserve. On commandera pour cela : *quatrième peloton, en tirailleurs.*

> A ce commandement, les Cavaliers de la première section du quatrième peloton, se disperseront devant le front de l'escadron, comme il a été expliqué pour les tirailleurs de la troupe de réserve ; mais ils commenceront à faire feu fur le champ, ce mouvement étant cenfé s'exécuter près de l'ennemi, & pour le pourfuivre.

La feconde fection de ce dernier peloton, aux ordres du Lieutenant de l'aile gauche, reftera fur deux rangs, & fuivra les tirailleurs, afin de pouvoir les foutenir & les rallier au befoin.

Lorfqu'on voudra faire rentrer le quatrième peloton, on fera fonner le ralliement, & les Cavaliers de ce peloton viendront reprendre leurs rangs & leurs files par le chemin le plus court.

Du Ralliement.

Pour exercer les Cavaliers à fe rallier avec facilité, en cas qu'ils aient été repouffés, l'efcadron marchant en bataille, au pas & au trot, l'on fera fonner le *boutte-charge;* à ce fignal, tous les Cavaliers fe difperferont en fourrageurs. Le Commandant d'efcadron, les ferre - files, l'étendard & les trompettes fe porteront alors avec célérité en arrière jufqu'à l'extrémité du terrain. Le Chef d'efcadron fera fonner le ralliement; à ce fignal, les Cavaliers rejoindront promptement leur efcadron & reprendront leurs rangs, fans s'affujettir à retrouver exactement leur file; l'objet principal du ralliement d'une troupe, étant de fe remettre, le plus tôt poffible, en état d'agir. Le ralliement doit fe faire en filence, & les Cavaliers paffant par-derrière les rangs.

Auffitôt que le Chef d'efcadron aura réuni quelques Cavaliers, il portera fon efcadron, plufieurs pas en avant.

La première fois, on fera exécuter ce mouvement au pas.

Enfuite on fera rallier, au trot, l'efcadron marchant au pas en avant.

Enfin, lorfqu'on fera affuré que les Cavaliers favent parfaitement ce qu'ils ont à exécuter pour fe rallier fans défordre, on fera marcher l'efcadron au galop, après l'avoir rallié, & on le fera charger.

TITRE IV.

Des Évolutions.

ARTICLE PREMIER.

Des différentes manières de passer de l'ordre de Bataille à l'ordre en Colonne.

TOUTES les fois qu'on voudra rompre une ligne de pied-ferme, pour la former en colonne, le mouvement se fera par pelotons.

Tous les commandemens d'avertissement passeront du Commandant en chef au Commandant particulier de chaque régiment, qui les répétera le plus promptement possible.

Si leur exécution exige de la part de son régiment un mouvement particulier, il le commandera, au lieu de répéter le commandement général.

Les Chefs d'escadron répéteront promptement les commandemens d'avertissement qu'aura faits le Commandant de leur régiment.

Quant aux commandemens d'exécution, ils seront répétés par les Commandans de chaque régiment & de chaque escadron, aussitôt qu'ils auront été faits par le Commandant en chef.

S'il arrivoit qu'un commandement ne fût pas entendu, chaque Chef d'escadron se conformeroit le plus promptement possible aux mouvemens de l'escadron placé à sa droite, à moins qu'il ne fût spécialement ordonné de se régler sur les mouvemens de la gauche.

Rompre à droite.

On commandera :

Garde à vous.

I.

V. PL. LXIII.

Par pelotons = À DROITE. AU TROT.

2. *MARCHE.*

2.

MARCHE.

Ces commandemens feront faits par le Commandant en chef, répétés comme il vient d'être preferit, & exécutés, ainfi qu'il a été expliqué à *l'article 8 du Titre III.*

Les Troupes de réferve feront leurs converfions à droite, en même temps que les pelotons de leur efcadron, & d'après les mêmes principes.

Le Lieutenant-colonel fe placera fur le flanc gauche de la colonne, à hauteur du premier peloton du premier efcadron.

Le Major fe placera fur le flanc gauche de la colonne, à hauteur du quatrième peloton du dernier efcadron, ayant un peu en arrière de lui, deux Maréchaux-des-logis; un Adjudant, & deux autres Maréchaux-des-logis refteront à hauteur de la tête de la colonne, un peu en arrière du Lieutenant-colonel. L'autre Adjudant, le Major en fecond & le Trompette-brigadier fuivront le Colonel par-tout où il jugera à propos de fe porter ; les autres Trompettes refteront vis-à-vis de l'intervalle de leur efcadron, fur le flanc droit de la colonne.

Rompre à gauche.

On commandera :

Garde à vous.

1.

Par pelotons = À GAUCHE AU TROT.

2.

MARCHE.

Ce mouvement s'exécutera en fens contraire, d'après les mêmes principes que le précédent.

Le Lieutenant-colonel fe placera fur le flanc droit de la colonne, à hauteur du premier peloton du premier efcadron, ayant à portée de lui un Adjudant & deux Maréchaux-des-logis. Le Major fe placera fur le flanc droit de la colonne, à hauteur du quatrième peloton du dernier efcadron, ayant près de lui deux autres Maréchaux-des-logis ; l'autre Adjudant, le Major en fecond & le Trompette-brigadier fuivront également le Colonel. Les autres Trompettes refteront à hauteur de l'intervalle de leur efcadron, fur le flanc gauche de la colonne.

Rompre par la droite pour marcher vers la droite.

V. Pl. LXIV.   Le Commandant en chef donnera ou enverra fes ordres au Chef de l'efcadron de droite de la ligne, & celui-ci fe conformera, pour l'exécution du mouvement, à ce qui eft prefcrit dans l'école de l'efcadron. Tous les Chefs d'efcadron feront exécuter fucceffivement le même mouvement ; le Commandant de chaque efcadron obfervant de conferver entre fon premier peloton & le quatrième de l'efcadron qui le précède, la diftance néceffaire pour avoir, en fe mettant en bataille, l'intervalle prefcrit.

La troupe de réferve de chaque efcadron fe portera au trot alongé droit devant elle, pour dépaffer la colonne de la longueur de trente pas, vers fon flanc droit, & en fuivre les mouvemens.

Obfervation.

Si le Commandant en chef jugeoit à propos de faire marcher le premier peloton de la ligne plus de dix pas en avant, de le faire tourner à gauche, il en donneroit l'ordre, tous les Chefs de fubdivifions s'y conformeroient ; il en feroit de même, fuppofé que la direction de la colonne ne dût pas être exactement parallèle au front de la ligne.

Rompre par la gauche pour marcher vers la droite.

Le Commandant en chef donnera ou enverra fes ordres au Chef du dernier efcadron de la ligne, & le mouvement s'exécutera en fens contraire, d'après les mêmes principes que le précédent.

Rompre en arrière par la droite, pour marcher vers la gauche.

Le Commandant en chef donnera ou enverra fes V. Pl. LXV. ordres au Chef de l'efcadron de droite de la ligne, & celui-ci fera exécuter le mouvement, comme il eft prefcrit dans l'*école de l'efcadron*.

Tous les Chefs d'efcadrons de la ligne feront fuccef-fivement les mêmes commandemens, obfervant de con-ferver entre le premier peloton de leur efcadron & le quatrième de celui qui le précède, la diftance néceffaire pour avoir, en fe mettant en bataille, l'intervalle prefcrit.

Les Troupes de réferve de chaque efcadron feront un demi-tour à droite, & un à-droite pour fuivre le mouvement de la colonne.

Obfervation.

Le Commandant en chef peut auffi donner à la colonne une direction qui ne foit pas exactement pa-rallèle au front de la ligne; tous les Commandans de pelotons doivent fuivre exactement celle de la tête.

Rompre en arrière par la gauche, pour marcher vers la droite.

Le Commandant en chef donnera ou enverra fes ordres au Chef de l'efcadron de gauche de la ligne, & le mouvement s'exécutera en fens contraire, d'après les mêmes principes que le précédent.

Se former de pied-ferme, en Colonne ferrée.

Si le Commandant en chef veut former la colonne V. Pl. LXVI. fur le troifième efcadron du premier régiment, il commandera:

Garde à vous.

1.

Sur le troifième efcadron du premier Régiment,

FORMEZ LA COLONNE SERRÉE.

2.

MARCHE.

Après la répétition du premier commandement, les Chefs du premier & du deuxième efcadron, commanderont, *à gauche par trois au trot ,* & fe porteront à la gauche de leur efcadron. Le Chef du quatrième efcadron commandera, *à droite par trois au trot ,* & fe portera à la droite de fon efcadron.

> Au deuxième commandement, les deux premiers efcadrons exécuteront leur à-gauche par trois ; ce mouvement étant prêt de finir, les Chefs de ces mêmes efcadrons commanderont, *en avant , guide à droite ;* le Lieutenant placé à la tête du fecond efcadron, commandera , *tournez à droite ,* & lorfque la tête fera prêt de finir fa converfion, il commandera, *tournez à gauche , en avant ;* la colonne fe portera droit devant elle, de manière à fuivre une ligne parallèle au front du troifième efcadron, en paffant à quatre pas de diftance de la tête des chevaux des Officiers.

Le Chef du fecond efcadron continuera de marcher avec la tête de fon efcadron, jufqu'à ce qu'il arrive à hauteur de la troifième file de gauche du troifième efcadron. Alors il commandera, *à droite par trois , marche.* Les Cavaliers exécuteront leur à-droite; le Chef d'efcadron commandera enfuite, *halte, à gauche alignement & fixe.* Tous ces commandemens feront faits & exécutés avec promptitude, immédiatement après le commandement, *guide à droite,* fait par le Chef du premier efcadron. Le Lieutenant placé à la tête de la colonne de ce même efcadron, commandera, *tournez à droite & en avant,* affez à temps pour que le Cavalier de l'aile gauche de la tête de la colonne puiffe fe diriger à dix pas en avant du point où la file droite du fecond efcadron doit entrer dans la colonne.

Le Chef du premier efcadron continuera de marcher avec fa colonne ; lorfqu'il arrivera à hauteur de la droite du fecond efcadron, il commandera, *tournez à gauche & en avant,* de manière que fa colonne puiffe fuivre une direction parallèle au front du fecond efcadron, & paffer à

quatre

quatre pas de diftance de la tête des chevaux des Officiers. Le Chef du premier efcadron fe règlera fur le
fecond, comme celui-ci s'eft réglé fur le troifième ; &
le refte des mouvemens du premier efcadron, fera entièrement conforme à ce qui a été prefcrit pour le fecond ;
de manière que ces deux efcadrons fe trouvent avoir
entr'eux une diftance de dix pas, à compter de la
croupe des chevaux du fecond rang du premier efcadron,
jufqu'à la tête des chevaux du premier rang du fecond
efcadron.

Au fecond commandement, les Cavaliers du quatrième
efcadron exécuteront leur à-droite par trois de chaque
rang. Le mouvement étant prêt de finir, le Chef
d'efcadron commandera, *en avant, guide à gauche;* &
le Lieutenant qui fe trouve placé à la tête de la colonne
de cet efcadron commandera, *tournez à droite.* Lorfque
le mouvement fera prêt de finir, il commandera, *tournez*
à gauche & *en avant,* de manière que la file gauche de
la colonne puiffe fuivre une direction parallèle à celle
du fecond rang du troifième efcadron, à dix pas de
diftance de ce fecond rang. Le Chef d'efcadron marchera avec la tête de fa colonne, jufqu'à ce qu'il foit
parvenu à hauteur de la gauche du troifième efcadron:
alors il s'arrêtera; fon efcadron continuera de marcher:
& au moment où le dernier rang fera prêt d'arriver à fa
hauteur, il commandera, *à gauche par trois, marche &*
halte.

Tous les efcadrons du fecond régiment, viendront fe
former derrière le quatrième du premier régiment, par
les mêmes mouvemens, excepté qu'après avoir fait leur
à-droite par trois, ils fe porteront chacun par le chemin
le plus court, vers le point où leur gauche doit être
placée dans la colonne; & que, parvenu à ce point, ils
prendront une direction parallèle à fon front.

Lorfqu'on voudra former la colonne fur le fecond
efcadron, le premier exécutera les mouvemens qui viennent d'être prefcrits pour le fecond qui, alors, reftera en
place; le troifième fe conformera à ce qui a été exécuté

par le quatrième, & ce dernier, à ce qui vient d'être preſcrit pour ceux du ſecond régiment.

Lorſqu'on voudra former la colonne ſerrée ſur une des ailes de la ligne, les eſcadrons qui auront à ſe porter en avant, exécuteront ce qui vient d'être détaillé pour le premier & le ſecond ; ceux, au contraire, qui auront à ſe porter en arrière, emploîront les moyens indiqués pour le quatrième.

On pourra former la colonne ſerrée, la gauche en tête ; & pour cela, on commandera, *garde à vous ; ſur tel eſcadron, la gauche en tête, formez la colonne ſerrée* ; alors les eſcadrons de la gauche ſe porteront en avant, ceux de la droite ſe porteront en arrière

Dans les colonnes ſerrées, les Chefs d'eſcadron ſe placeront ſur le flanc du côté des guides ; les Officiers ſupérieurs, l'Adjudant & les Maréchaux-des-logis reſteront du même côté ; les Trompettes, du côté oppoſé.

Les troupes de réſerve de chaque eſcadron, ſe porteront de front, & par le chemin le plus court, vers le flanc de leur eſcadron, du côté oppoſé aux guides, & à trente pas de diſtance.

Obſervation.

Lorſqu'une ligne ſe forme de pied-ferme en colonne ſerrée, les Officiers ſupérieurs doivent veiller à ce que les Lieutenans placés aux ailes des eſcadrons, du côté des guides, prennent une direction conforme aux vues du Commandant en chef. Il eſt ſur-tout eſſentiel de déterminer la poſition des eſcadrons qui doivent ſe placer immédiatement en avant ou en arrière de celui ſur lequel on forme la colonne.

ARTICLE 2.
De la Marche en colonne.

LES principes de la marche en colonne, ont été détaillés à *l'article 8 du Titre III.*

La répétition des commandemens se fera, comme il a été expliqué dans l'article précédent.

Lorsque le Commandant en chef n'aura pas indiqué le point vers lequel doit se porter le guide de la première subdivision, le Commandant du régiment y suppléera; & si celui-ci ne le faisoit pas, l'Officier supérieur qui se trouve à la tête de la colonne, ou à son défaut, le Chef d'escadron, donneroit le point, afin que la colonne ne marche jamais, sans une direction déterminée.

Marche directe en colonne.

Lorsqu'après avoir rompu à droite ou à gauche par pelotons, le Commandant en chef jugera à propos de faire marcher la colonne, droit devant elle, dans la direction où elle se trouve, il commandera:

1.

COLONNE EN AVANT.

2.

MARCHE.

Ces commandemens seront exécutés, comme il a été prescrit dans l'*École de l'escadron*.

La première subdivision de chaque escadron, observera, en marchant, d'avoir, entre son premier rang & celui de la dernière subdivision de l'escadron qui la précède, la distance de la longueur de son front & de l'intervalle qui doit rester entre les escadrons en bataille.

Les Sous-lieutenans de l'escadron de la tête de la colonne, placés aux ailes des pelotons, serviront de base à la direction de tous les autres qui se régleront sur eux.

Les Officiers supérieurs doivent veiller sans cesse à l'observation des guides; en conséquence, celui qui se trouvera placé à la queue de la colonne, doit se porter de temps en temps au point d'où il peut apercevoir les Sous-lieutenans de l'escadron de la tête; c'est sur eux qu'il rectifiera les autres, & par ce moyen, les fautes d'un guide n'influeront pas sur ceux qui le suivent.

Changemens de direction en Colonne.

Lorsque le Commandant en chef jugera à propos de faire changer de direction vers la droite ou vers la gauche, il donnera ou enverra ses ordres à la première subdivision de la colonne; l'Officier qui la conduit commandera: *tournez à droite* ou *à gauche & en avant*, assez à temps pour que la colonne puisse se porter vers le point qui répond aux vues du Commandant en chef: si celui-ci se trouvoit à portée d'être entendu de la tête de la colonne, il pourroit, au lieu de s'y porter, commander lui-même: *garde à vous, tournez à droite* ou *à gauche*.

Ce commandement seroit alors répété par le Commandant de la première subdivision; lorsque le Commandant en chef jugera que la tête de la colonne aura pris la direction qu'il se propose de lui donner, il commandera: *en avant;* ce commandement sera de même répété par le Commandant de la première subdivision; toutes celles de la colonne exécuteront les mêmes mouvemens en arrivant au point où la première a changé de direction.

Dans l'instant où commencera ce changement de direction, l'Adjudant qui doit toujours marcher à hauteur de la tête de la colonne de son régiment, placera un bas Officier dans le point où le changement de direction doit s'exécuter, avec ordre d'y rester jusqu'à ce que la dernière subdivision de la colonne y soit arrivée; ce bas Officier sera remplacé par un de ceux du régiment qui le suit, il en sera de même de tous les autres.

Si le Commandant en chef veut faire changer de direction à la colonne, pour faire face du côté opposé à sa marche, il commandera:

Garde à vous.

I.

Peloton = *DEMI-TOUR À DROITE.*
ou *DEMI-TOUR À GAUCHE.*

2.

2.

MARCHE.

Ces mouvemens s'exécuteront par les principes établis dans l'école de l'escadron.

Si le Commandant en chef veut faire changer de direction de pied-ferme à toutes les subdivisions de la colonne à la fois, il placera celle de la tête dans la direction qu'il veut prendre, & commandera :

Garde à vous.

1.

Colonne par la droite ou *par la gauche* = PRENEZ LA DIRECTION DE LA TÊTE.

2.

MARCHE.

Ces mouvemens s'exécuteront d'après les principes établis dans l'école de l'escadron.

Si le Commandant en chef veut faire gagner du terrain à la colonne vers son flanc droit ou vers son flanc gauche, sans la porter en avant, il commandera :

Garde à vous.

1.

À DROITE ou À GAUCHE PAR TROIS.

2.

MARCHE.

3.

À GAUCHE ou À DROITE PAR TROIS.

4.

MARCHE.

Ces mouvemens s'exécuteront comme il a été prescrit dans l'école du Cavalier & dans celle de l'escadron.

Si le Commandant en chef veut faire gagner du terrain à la colonne vers un de ses flancs, en marchant & sans changer de direction, il commandera :

Garde à vous.

Cavalerie. Z z

1.

OBLIQUE À DROITE ou *À GAUCHE.*

2.

MARCHE.

3.

EN AVANT.

Ces mouvemens s'exécuteront d'après les principes établis dans l'école du Cavalier & dans celle de l'escadron.

Passage de Défilé.

La colonne emploîra pour passer le défilé, les moyens qui ont été indiqués à *l'article 8 du Titre III.*

Le Commandant en chef devant se régler, au sortir du défilé, sur la profondeur de la colonne, pour déterminer la durée du ralentissement d'allure de la première subdivision, il en résulte nécessairement pour les colonnes qui auront rencontré des obstacles, une perte de temps proportionnée à la quantité d'escadrons dont elles seront composées, & au nombre de fois qu'elles auront été forcées de rompre & de se reformer.

Par conséquent, si les mouvemens d'une colonne sont combinés avec ceux d'une autre, ou qu'il lui soit prescrit de se rendre dans un temps donné à l'endroit où elle doit arriver, lorsqu'elle aura passé l'obstacle, l'Officier qui la commande lui fera doubler son allure pendant plus ou moins de temps, en raison du ralentissement auquel elle aura été contrainte.

Les doublemens & dédoublemens fréquens ayant de grands inconvéniens dans les colonnes composées d'un nombre considérable d'escadrons, si le Commandant en chef est instruit que les obstacles multipliés qu'il doit rencontrer dans sa marche, le forceront de répéter fréquemment ce mouvement, il réduira en conséquence & proportionnellement le front de la colonne.

Le principe ci-dessus est moins applicable à des Corps ou à des détachemens peu nombreux, pour lesquels les inconvéniens des doublemens & dédoublemens font infiniment moins grands, & dont le premier objet doit toujours être de pouvoir paſſer de l'ordre de marche à l'ordre de combat.

Paſſer de l'ordre de Colonne avec diſtance, à l'ordre de Colonne ſerrée.

La colonne marchant, la droite en tête, le Commandant en chef commandera :

Voyez
PL. LXVIIL

Garde à vous.

1.

FORMEZ LES ESCADRONS.

2.

MARCHE.

Ces commandemens feront exécutés comme il a été preſcrit à *l'article 8 du Titre III.*

Immédiatement après que le premier eſcadron ſera formé, ſon Chef lui commandera : *halte, à gauche alignement &* *FIXE.* Tous les autres Commandans d'eſcadron feront les mêmes commandemens, lorſque leur premier rang arrivera à dix pas de diſtance de la croupe des chevaux du deuxième rang de l'eſcadron qui les précède. Les chefs d'eſcadron ſe tiendront ſur le flanc de la colonne, du côté des guides. Les troupes de réſerve ſe porteront chacune à trente pas de diſtance du flanc de leur eſcadron, du côté oppoſé aux guides.

Les Officiers ſupérieurs, Adjudans, Trompettes, &c. ſe placeront, comme il a été dit dans la formation des colonnes ferrées ; ſi on avoit la gauche en tête, le mouvement s'exécuteroit en ſens contraire, d'après les mêmes principes.

Obſervations.

Les Officiers ſupérieurs de chaque régiment doivent veiller dans ce mouvement, à ce que les guides de chaque eſcadron ſe mettent exactement ſur la direction de ceux de la tête de la colonne.

TITRE IV.

184

Si la colonne eſt compoſée d'une brigade ſeulement, & à plus forte raiſon de pluſieurs, le Commandant en chef obſervera de ne la mettre en mouvement qu'après qu'elle ſera ſerrée en maſſe.

Marche directe des Colonnes ſerrées.

Lorſqu'on voudra faire marcher une colonne ſerrée en avant, on lui fera les commandemens preſcrits pour les colonnes avec diſtances.

Quoique les colonnes ſerrées ne puiſſent pas ſe mettre en bataille par un mouvement de converſion de toutes les ſubdiviſions à la fois, il eſt cependant néceſſaire qu'elles aient les moyens de ſe maintenir à leurs guides pendant la marche directe; en conſéquence, le Commandant en chef donnera un point de direction au Lieutenant de l'aile gauche de l'eſcadron qui marche à la tête de la colonne, ſi elle eſt formée, la droite en tête, ou au Lieutenant de l'aile droite, ſi elle eſt formée, la gauche en tête. Le Commandant en chef indiquera ce même point au Lieutenant du ſecond eſcadron de la colonne : ces deux Officiers ſerviront de baſe à la direction des guides de tous les eſcadrons qui obſerveront entr'eux dix pas de diſtance comptés de la croupe des chevaux du ſecond rang de l'eſcadron à la tête des chevaux du premier rang de celui qui le ſuit; ils ſe conformeront d'ailleurs à tous les principes établis pour la marche des colonnes avec diſtance.

Les Officiers ſupérieurs veilleront à la direction des guides & à l'obſervation des diſtances.

Les Cavaliers étant moins vus dans les colonnes ſerrées, & en conſéquence, ſe relâchant quelquefois ſur la poſition & ſur la marche, les Chefs d'eſcadron redoubleront d'attention pour ne leur paſſer aucune négligence.

Les Officiers qui marchent devant le front des eſcadrons & les ferre-files, reſteront chacun à leur place de bataille, & ſe mettront les uns à côté des autres, s'ils ſe trouvent gênés par le peu de diſtance.

Changemens

Changemens de direction des Colonnes ferrées.

Les changemens de direction fucceffifs des colonnes ferrées, s'exécuteront par les mêmes commandemens que ceux des colonnes avec diftance. L'arc-de-cercle décrit par le pivot de chaque converfion, doit être de douze pas; les premiers rangs de tous les efcadrons, excepté celui de la tête de la colonne, doivent, dans leurs converfions, obliquer du côté de l'aile marchante, d'après le principe établi pour les converfions des feconds rangs. À cela près, tous les autres principes de changement de direction fucceffifs feront les mêmes pour les colonnes ferrées que pour les colonnes avec diftance.

Lorfqu'on voudra faire gagner du terrain vers la droite ou vers la gauche, à une colonne ferrée, fans changer la direction de la tête, on emploîra les mêmes moyens & les mêmes commandemens que pour les colonnes avec diftance.

Obfervations.

Les changemens de direction fucceffifs des colonnes ferrées, exigent de la part des Chefs d'efcadron la plus grande exactitude à faire leurs commandemens à temps; de la part des Lieutenans, la plus fcrupuleufe attention pour décrire au pivot un arc-de cercle fuffifamment étendu, & pour faire prendre à l'aile marchante le terrain & l'allure néceffaires; fans cela, il feroit impoffible que la colonne parvînt à tourner.

Suppofé qu'on ait à faire face du côté oppofé à la marche, avec une colonne ferrée; fi le Commandant en chef veut la porter en arrière, & la faire marcher enfuite de nouveau dans fa première direction, il commandera:

Garde à vous.

1.

DEMI-TOUR À DROITE PAR TROIS.

2.

MARCHE.

Il prendra enfuite l'ancienne direction par les mêmes commandemens.

Cavalerie.   A a a

Ces mouvemens feront exécutés comme il a été prefcrit dans l'École de l'efcadron.

Si le Commandant en chef fe propofe de changer de direction pour marcher du côté oppofé à celui vers lequel il fe portoit précédemment, & par conféquent de rendre cette marche directe, il fera arrêter la colonne, & commandera :

Garde à vous.

CONTRE-MARCHE.

Ce commandement s'exécutera comme il a été expliqué dans l'École de l'efcadron.

Paffer de l'ordre de Colonne ferrée, à l'ordre de Colonne avec diftance.

Lorfqu'une colonne ferrée fera forcée, au lieu de fe déployer, de repaffer à l'ordre de colonne avec diftance, le Commandant en chef en donnera l'ordre au Chef du premier efcadron ; & tous ceux de la colonne rompront fucceffivement en avant par pelotons, d'après les principes qui ont été donnés dans l'École de l'efcadron.

Si la colonne étoit en marche, on feroit faire *halte*, avant d'exécuter ce mouvement.

ARTICLE 3.

Des différentes manières de paffer de l'ordre en Colonne, à l'ordre en Bataille.

LORSQUE le Commandant en chef voudra mettre la colonne en bataille, il commencera par déterminer & indiquer les points de direction qu'il lui conviendra de donner à la ligne.

Du choix des Points de Direction.

On ne fe mettra jamais en bataille qu'entre des points déterminés, & on choifira toujours, pour fe fervir de points, des objets immobiles, apparens, éloignés & propres à fixer exactement la pofition qu'on veut prendre.

On préférera, autant qu'il fera possible, des objets isolés & saillans, tels qu'un arbre, une maison, un clocher, un moulin, &c.

Le choix des points doit être déterminé d'après une des deux intentions suivantes:

1.° Celle de diriger une colonne, & de la conduire au point où on veut la mettre en bataille :

2.° Celle de marquer la ligne de front sur laquelle elle doit se former.

Dans ce premier cas, les points doivent s'appeler *points de direction de la marche de la colonne ;* dans le second, *points de direction de la ligne de bataille.*

PREMIER CAS. Lorsqu'on a pour but de se porter par le chemin le plus court, du point d'où l'on part, à celui où doit appuyer la première subdivision de la colonne, on choisira un point dans la campagne, qui déterminera la direction de la colonne.

SECOND CAS. Lorsqu'on a pour but de placer la ligne dans une position encore éloignée de celle où se trouve la colonne, on déterminera deux points saillans, entre lesquels la ligne devra se former. Dans les deux cas, on prendra les points intermédiaires par une des méthodes suivantes.

Manière de disposer les Points intermédiaires lors-
qu'on n'a déterminé qu'un seul Point de Direction.

Soit l'arbre *A*, choisi pour prendre le point de direc- *Voyez* Pl. LXX. *Fig.* 1.
tion, l'Aide-de-camp, Officier ou bas Officier *B*, se portera au galop sur la nouvelle direction, où il placera, à quelque distance de lui, un autre Aide-de-camp ou bas Officier *C*, qui lui fera face; si ce dernier n'est pas dans le point de la direction, le premier *B*, lui fera les signes nécessaires pour le faire appuyer à droite ou à gauche, jusqu'à ce qu'il soit exactement dans le point, c'est-à-dire, qu'il le lui couvre.

La direction étant ainsi déterminée, si on veut mettre la colonne en bataille, on enverra un Adjudant *D*, pour marquer fur la ligne le point où la première fubdivifion de la colonne devra appuyer. Cet Adjudant s'établira fur la ligne faifant face à l'Officier *B*.

Manière de placer des Points intermédiaires entre des Points donnés.

Voyez Pl. LXX.
Fig. 2.

Auffitôt que celui de la droite & celui de la gauche auront été déterminés, un Adjudant & deux bas Officiers chercheront les points intermédiaires.

Soit le bas Officier de la gauche, repréfenté par la lettre *A*, & celui de la droite par la lettre *B*; foit un arbre *C*, à gauche, un clocher *D*, à droite; *A* refte en place tandis que *B*, fe portant à la diftance du front d'un peloton fur la droite de *A*, s'alignera fur lui & le point *C*. Les deux bas Officiers marcheront alors en avant, en faifant un mouvement de converfion, de manière que le point *C*, foit le pivot de la converfion. Le bas Officier *B*, fe confervera toujours aligné avec le point *C*, & le bas Officier *A*; ce dernier marchera regardant toujours *B*, pour s'arrêter à l'inftant où il lui cachera le point de droite *D*; *B*, ayant toujours marché aligné fur le bas Officier *A*, & le point *C*, les points intermédiaires feront trouvés.

Pendant toute la durée de cette opération, *B* fera toujours fubordonné au mouvement de *A*, parvenus fur la nouvelle ligne, l'un & l'autre fe feront face; en forte que s'il y avoit eu quelqu'inexactitude dans l'exécution, ils pourroient la rectifier très-promptement, toujours fans fe faire aucun figne ni fe parler. Suppofé que *A*, aperçût le point *D*, en dehors de fa gauche, *A* fe porteroit un peu fur la gauche; *B* toujours aftreint à refter aligné avec *A*, & le point *C* fuivroit le mouvement de *A*, & lui cacheroit bientôt le point *D*; s'il aperçoit le point *D*, en dehors de fa droite, il rectifieroit fa pofition par les mouvemens contraires.

Obfervation.

Les bas Officiers placés en points intermédiaires, doivent

doivent obferver de laiffer en dehors de la ligne de
bataille, toute l'épaiffeur des points donnés.

La Colonne marchant par Pelotons, la mettre à gauche ou à droite en bataille.

Suppofé qu'on marche la droite en tête, fi le Com- *Voy.* Pl. LXXI.
mandant en chef fe propofe de ne déterminer qu'un feul
point faillant, il commencera par faire prendre au premier
peloton de la colonne, une direction telle que fon front
foit perpendiculaire fur la ligne qu'il veut fuivre ; ce mouvement fini, il indiquera aux Sous-lieutenans qui fe trouvent à la gauche du premier & du troifième peloton, le
point fur lequel ils doivent marcher ; le Commandant en
chef placera en même temps un Aide-de-camp à la
gauche du Sous-lieutenant du premier peloton, faifant
face du même côté que lui ; il indiquera le point de
direction à cet Officier & à l'Adjudant de chacun des
régimens de la ligne qui doit toujours l'accompagner ;
celui du régiment qui, dans l'ordre de bataille, doit fe
trouver à la gauche de la ligne, fe portera en avant de
l'Aide-de-camp du Commandant en chef, vers le point
où devra arriver la droite de fon régiment ; lorfqu'il y
fera parvenu, il s'arrêtera, & fera face à l'Aide-de-camp
qui rectifiera fa pofition. Ces deux points ferviront de
bafe à tous les Adjudans de la ligne, pour fe placer
promptement & correctement fur le prolongement, dans
le point où doit être placée la droite de leur régiment ;
l'Aide-de-camp du Commandant en chef & l'Adjudant
de chaque régiment refteront à leur place, jufqu'à ce que
la ligne foit en bataille.

Si le Commandant en chef fe propofe de former *V.* Pl. LXXII.
fa ligne entre deux points choifis dans la campagne,
il les indiquera à fon Aide-de-camp, qui fera prendre
fur le champ les points intermédiaires.

L'Aide-de-camp fe placera vis-à-vis des guides de
la colonne faifant face au point vers lequel elle doit
tourner pour entrer dans la nouvelle direction ; l'Adjudant

de chacun des régimens dont la colonne fera compofée, fe placera comme il a été expliqué dans l'hypothèfe précédente.

Le Commandant en chef conduira la colonne vers fon Aide-de-camp; il la fera changer de direction, de manière que le front du premier peloton fe trouve perpendiculaire fur la nouvelle ligne, & que le Sous-lieutenant de ce peloton puiffe marcher fur le point de direction de droite & fur l'Adjudant placé en point intermédiaire; il indiquera le point à ce Sous-lieutenant & à celui du troifième peloton, qui obferveront de paffer près des bas Officiers placés en points intermédiaires, les laiffant à leur gauche.

La tête de la colonne fe maintiendra dans la direction, par les moyens indiqués à l'article *de la marche des colonnes*.

Tous les Sous-lieutenans fe régleront fur ceux du premier efcadron, pour l'allure & la direction.

Lorfque le premier peloton de la colonne fera prêt d'arriver à la diftance de fon front, du point où devra appuyer la droite de la ligne, le Commandant en chef commandera :

Garde à vous.

1.

COLONNE.

2.

HALTE.

3.

À gauche = EN BATAILLE AU TROT.

4.

MARCHE.

Les prèmier & troifième commandemens feront répétés par les Commandans de régimens & par les Chefs d'efcadron feulement.

Les fecond & quatrième le feront par ces mêmes

Officiers & par les Commandans des pelotons: ce mouvement s'exécutera comme il a été expliqué à l'*article 8 du Titre III.*

Les troupes de réferve fuivront les mouvemens de la colonne fur le flanc oppofé au côté des guides; elles arrêteront & feront une converfion à gauche, en même temps que la colonne fe mettra en bataille.

Si la colonne marchoit par pelotons, la gauche en tête, on la mettroit à droite en bataille, par les mêmes principes qui viennent d'être expliqués.

Obfervations.

Le Commandant en chef fe conformera à tout ce qui a été prefcrit dans l'École de l'efcadron, pour affurer l'exactitude du mouvement.

D'après les moyens qui viennent d'être détaillés, il pourra mettre la colonne à gauche en bataille, dans les points donnés, quel que foit le rapport de la direction qu'ils déterminent, avec celle où marchoit précédemment la colonne.

Toutes les fois qu'une colonne marchera dans la direction d'une ligne tracée par des bas Officiers, les Sous-lieutenans qui font placés aux ailes des pelotons, auront attention de fuivre la ligne tracée, plutôt que la direction de leur chef-de-file.

Le Capitaine de la première divifion de chaque efcadron & les Sous-lieutenans, en reprenant leurs places de bataille, fe trouveront un peu en avant des points donnés; la tête des chevaux du premier rang arrivera à la botte des Officiers placés en points intermédiaires.

On fera quelquefois mettre en bataille, fans arrêter, afin de pouvoir employer cette méthode, lorfque les circonftances l'exigeront; mais on n'en fera ufage que très-rarement, & jamais avec plus d'une brigade.

La Colonne marchant par Pelotons, la former fur la droite ou fur la gauche en bataille.

Suppofé que la colonne marche, la droite en tête, le Commandant en chef déterminera la pofition qu'il voudra donner à la ligne, pour un ou deux points de direction faillans, & choifis vers fon flanc droit.

S'il n'en détermine qu'un feul, il placera un Aide-de-camp à vingt pas en avant de la droite du premier peloton, faifant face au point de direction qu'il lui indiquera; un bas Officier du premier régiment de la colonne, fe portera légèrement vers le point donné, à la diftance du front d'un efcadron, de l'Aide-de-camp du Commandant en chef, auquel il fera face, & qui rectifiera fa pofition; un Adjudant de chacun des régimens dont la colonne fera compofée, fe portera fur le prolongement de ces deux points, ainfi qu'il a été expliqué dans les mouvemens précédens.

Si le Commandant en chef a déterminé deux points de direction, fon Aide-de-camp prendra les points intermédiaires; tout le refte s'exécutera, comme dans la fuppofition précédente.

Toutes ces difpofirions fe feront légèrement, pour ne pas retarder les mouvemens de la colonne.

Le Commandant en chef fera prendre à la première fubdivifion, une direction telle, que fon front fe trouve à peu-près perpendiculaire fur la nouvelle ligne.

Il commandera enfuite :

Garde à vous.

1.

Sur la droite = *EN BATAILLE.*

2.

MARCHE.

Ces deux commandemens feront répétés par les Commandans des régimens, & par les Chefs d'efcadron; ils feront exécutés comme il a été prefcrit dans l'École de l'efcadron.

Le

Le premier peloton de chaque efcadron doit obferver
de n'exécuter fon mouvement, qu'après avoir dépaffé
l'efcadron qui doit être à fa droite dans l'ordre de bataille,
du nombre de pas déterminé pour l'intervalle.

Les troupes de réferve fuivront le flanc gauche de la
ligne, & fe mettront en bataille derrière elle.

Si la colonne marchoit, la gauche en tête, on la formeroit fur la gauche en bataille, par les mouvemens
contraires, & d'après les mêmes principes.

Obfervations.

Le Commandant en chef doit fe porter à côté de fon
Aide-de-camp, placé en point intermédiaire, afin de
juger de l'alignement du premier efcadron, qui doit
fervir de bafe à toute la ligne.

Les Officiers fupérieurs, & les Chefs d'efcadron, fe
porteront fur la nouvelle ligne, un peu avant que les
efcadrons qu'ils commandent y arrivent, & fe placeront
faifant face au côté vers lequel on s'aligne, afin de pouvoir rectifier leurs efcadrons fur le premier.

La Colonne marchant par Pelotons, la former en avant en bataille.

Suppofé que la colonne marche, la droite en tête, le V. Pl. LXXIV.
Commandant en chef déterminera les points de direction
fixes qui doivent fervir à appuyer la droite & la gauche
de la ligne; fon Aide-de-camp prendra les points intermédiaires, & fe placera vis-à-vis de l'aile du premier peloton
de la colonne; un bas Officier du premier régiment fe
placera vis-à-vis de l'aile gauche du premier peloton,
faifant face à l'Aide-de-camp du Commandant en chef;
un autre bas Officier du même régiment fe portera fur
leur prolongement, dans le point où doit arriver la gauche
du premier efcadron, & un Adjudant dans le point où
doit être placée la gauche de fon régiment.

Si le Commandant en chef ne choififfoit qu'un feul
point de direction, l'Aide-de-camp ou le bas Officier

placé vis-à-vis de ce point, détermineroit le prolongement de la ligne.

Lorfque la première fubdivifion de la colonne fera parvenue à la diftance de fon front, de la ligne de bataille,
le Commandant en chef fera arrêter la colonne, & commandera enfuite :

1.

En avant $=$ EN BATAILLE.

2.

MARCHE.

Au premier commandement, répété par le Commandant du premier régiment, & par le Chef du premier
efcadron de la colonne, tous les autres Chefs d'efcadron du même régiment, commanderont, *tournez à
gauche au trot.* Dans le premier efcadron, le Commandant du premier peloton commandera, *en avant au trot ;*
tous les autres Commandans de peloton commanderont,
demi à gauche au trot.

Dans les trois autres efcadrons du premier régiment,
les Commandans de chacun des fecond, troifième &
quatrième pelotons, commanderont, *en avant au trot.*

Au fecond commandement, tous les Commandans
de peloton qui auront fait un commandement préparatoire, répéteront, *marche ;* les Commandans de chacun
des premiers pelotons des fecond, troifième & quatrième
efcadrons du premier régiment, commanderont, *tournez
à gauche au trot.* Le premier efcadron fe mettra en
avant en bataille, un peu en arrière de la ligne tracée ;
de manière qu'au commandement, *à droite alignement,*
la tête des chevaux des Officiers des ailes, vienne à la
botte des bas Officiers placés en points intermédiaires.

Les autres efcadrons du même régiment fe porteront
chacun diagonalement vers le point où ils doivent fe
placer en bataille ; les Chefs d'efcadrons commanderont
en conféquence, *en avant,* lorfque le premier peloton de
leur efcadron aura fuffifamment tourné à gauche ; le
Chef du premier peloton répétera ce commandement ;
tous les pelotons changeront de direction dans le même

point où le premier peloton de leur efcadron en aura changé, & chaque efcadron fe formera en bataille, fans arrêter, au commandement de fon Chef, lorfqu'il fera parvenu à fon terrain; ce mouvement s'exécutera d'après les principes donnés dans l'École de l'efcadron.

Un Adjudant de chacun des régimens dont la colonne fera compofée, fe portera légèrement fur le prolongement de la nouvelle ligne de bataille, dans le point où devra être placée la gauche de fon régiment; & deux bas Officiers de chaque régiment fe porteront fur le même prolongement, dans les points où doivent arriver la droite & la gauche du premier efcadron de leur régiment.

Auffitôt après le premier commandement du Commandant en chef, les Commandans de chacun des régimens qui fuivent le premier régiment dans la colonne, commanderont, *tournez à gauche au trot;* ce qui fera répété par les Chefs des premiers efcadrons de ces mêmes régimens; chacun des autres Chefs d'efcadron commandera, *en avant au trot.*

Au fecond commandement du Commandant en chef, le Commandant du premier peloton de chaque régiment, commandera, *tournez à gauche au trot;* tous les autres Chefs de peloton répèteront, *marche.*

Chaque régiment déboîtera de la colonne générale, pour en former une particulière qui fera dirigée par la ligne la plus courte, vers le point où devra être placée fa droite.

Lorfque le premier régiment qui aura ainfi déboîté de la colonne générale, fera prêt d'arriver vis-à-vis le point où il devra appuyer à hauteur des ferre-files de l'efcadron déjà formé à fa droite, l'Officier fupérieur qui le conduit, commandera enfuite:

I.

En avant = *EN BATAILLE.*

2.

MARCHE.

Ces commandemens feront répétés & exécutés en

marchant, comme il vient d'être expliqué pour le premier régiment, excepté que l'Officier qui conduit le premier peloton de la tête du régiment, commandera, *demi à droite*, au lieu de commander, *en avant*. Les autres régimens, qui formeront chacun leur colonne particulière, exécuteront le même mouvement, à mesure qu'ils arriveront vis-à-vis le point que devra occuper la droite de leur régiment.

Les troupes de réserve se formeront en avant en bataille, d'après les mêmes principes que le reste de la colonne.

Si la colonne marchoit, la gauche en tête, on exécuteroit les mêmes mouvemens, en sens contraire.

Observations.

Le Commandant en chef doit faire exécuter ces mouvemens toujours au trot ou au galop ; dans le dernier cas, les Commandans de peloton auront attention de faire ralentir un peu, avant de commander *halte*.

Si la nouvelle direction est oblique, relativement à celle de la colonne, les pelotons feront un peu plus ou un peu moins d'un demi à gauche, pour se former en avant en bataille.

Dans ces mouvemens, les Officiers supérieurs & les Chefs d'escadron, doivent se porter sur le prolongement des bas Officiers placés en points intermédiaires, avant que leurs escadrons arrivent sur la ligne ; ils feront face au côté vers lequel on s'aligne, afin d'être plus à portée de juger de l'ensemble, par la position des étendards, & de pouvoir placer celui de leur escadron & les Lieutenans des ailes, promptement & correctement, comme ils doivent l'être.

La Colonne marchant par Pelotons, la former en bataille, faisant face au côté opposé à sa marche.

Si la colonne marche, la droite en tête, & qu'on veuille la former sur la première subdivision, pour faire face

face au côté oppofé à fa marche, le Commandant en chef, après avoir déterminé les points de direction qu'il fe propofe de prendre, placera fon Aide-de-camp & un bas Officier du premier régiment en intermédiaire, de manière que le bas Officier foit vis-à-vis des guides de la colonne, & l'Aide-de-camp à la diftance du front d'un peloton vers fa gauche, ils fe feront face l'un à l'autre; lorfque la colonne arrivera à la diftance du front d'un peloton de la nouvelle ligne, le Commandant en chef la fera arrêter; il commandera enfuite:

I.

EN AVANT, ORDRE INVERSE, EN BATAILLE.

2.

MARCHE.

Au premier commandement, répété par le Comman- *V.* Pl. LXXV. dant du premier régiment & par le Chef du premier efcadron de la colonne, tous les autres Chefs d'efcadron du même régiment, commanderont, *tournez à droite.*

Dans le premier efcadron, le Commandant du premier peloton commandera, *en avant, au trot;* tous les autres Commandans de peloton commanderont, *peloton, demi à droite, au trot;* dans les trois autres efcadrons du premier régiment, les Commandans de chacun des fecond, troifième & quatrième pelotons, commanderont, *en avant, au trot.*

Au fecond commandement, tous les Commandans de peloton qui auront fait un commandement prépararatoire, répéteront, *marche;* les Commandans de chacun des premiers pelotons des fecond, troifième & quatrième efcadrons du premier régiment, commanderont, *tournez à droite au trot.* Les pelotons du premier efcadron fe formeront à la droite les uns des autres, à dix pas au-delà de la ligne marquée. Les autres efcadrons du même régiment fe porteront, chacun diagonalement, vers le point où ils doivent fe mettre en bataille; les Chefs d'efcadron commanderont en conféquence *en avant,*

Cavalerie.   D d d

lorfque le premier peloton de leur efcadron aura fuffifamment tourné à droite; le Chef du premier peloton
répétera ce commandement, Tous les pelotons changeront de direction, dans le même point où le premier
peloton de leur efcadron en aura changé.

Chaque efcadron fe formera en bataille, fans arrêter,
au commandement de fon Chef, lorfqu'il fera parvenu à
fon terrain; ce mouvement s'exécutera d'après les principes indiqués dans l'École de l'efcadron.

A mefure que chaque efcadron fe formera, fon Chef
lui fera faire face en tête par un demi-tour à gauche par
peloton au trot; il le fera enfuite aligner, mais il ne
commandera ces mouvemens qu'après que le premier
peloton de l'efcadron fuivant fera arrivé, & fera affuré de
fon intervalle.

Auffitôt que le premier efcadron de la ligne aura fait
fon demi-tour à gauche par peloton, un bas Officier du
premier régiment fe portera, fur le prolongement de la
ligne, vis-à-vis de l'aile gauche du premier efcadron; un
Adjudant fe portera, fur le même prolongement, dans le
point où doit être placée la gauche du premier régiment.
Tous les autres régimens déboîteront de la colonne générale, pour former chacun une colonne particulière vers
la droite, & fe diriger, par le chemin le plus court, vers
le point où devra appuyer leur droite. Lorfqu'ils y feront
parvenus, ils fe formeront en bataille fur l'alignement du
premier régiment, d'après les principes, & par les commandemens qui viennent d'être détaillés.

Un Adjudant de chacun des régimens dont la colonne
fera compofée, fe placera, fur le prolongement de l'Aide-
de-camp du Commandant en chef & du bas Officier
du premier régiment, dans le point où devra arriver la
gauche de leur régiment; deux bas Officiers de chaque
régiment fe placeront auffi, fur le prolongement de la
ligne, dans les points où devront appuyer l'aile droite &
l'aile gauche du premier efcadron de leur régiment.

Les troupes de réferve rompront par trois, pafferont

2.

MARCHE.

Les Commandans de chaque régiment répéteront chacun la partie du premier commandement que leur régiment fera dans le cas d'exécuter, la ligne se formera d'après les principes donnés précédemment.

Les pelotons qui auront fait en avant en bataille, s'aligneront sur ceux qui auront fait à gauche en bataille.

Si le même régiment se trouvoit à la fois sur les deux directions, l'Officier qui le commanderoit, répéteroit en entier le premier commandement du Commandant en chef; chaque Chef d'escadron feroit le commandement correspondant.

Si le même escadron se trouvoit en partie dans la nouvelle, & en partie dans l'ancienne direction, son Chef répéteroit le commandement général, & chaque Commandant de peloton feroit au sien, le commandement nécessaire pour le placer sur la nouvelle ligne.

Les troupes de réserve se conformeront à ce qui a été prescrit ci-dessus.

Si la colonne marchoit, la gauche en tête, ce mouvement s'exécuteroit d'après les mêmes principes que le précédent, mais en sens contraire.

Déployer, dans tous les sens, une Colonne ferrée.

Lorsqu'on voudra déployer une colonne ferrée, qui marche, la droite en tête, le Commandant en chef déterminera les points de direction de la droite & de la gauche de la ligne, il fera chercher les points intermédiaires. Son Aide-de-camp se placera vis-à-vis des guides de gauche de la colonne; un bas Officier du premier régiment se portera sur la ligne donnée, à la distance du front d'un escadron de l'Aide-de-camp du Commandant en chef, vers sa droite & lui faisant face. Cet Aide-de-camp & le bas Officier serviront de base aux Adjudans de chacun des régimens de la ligne, pour se placer, sur

Voyez Pl. LXXVII.

le prolongement, dans le point où doit appuyer l'aile droite ou gauche de leur régiment.

Si le Commandant en chef n'avoit désigné qu'un seul point saillant, son Aide-de-camp serviroit de second point; tout le reste des dispositions se feroit de la même manière qui vient d'être détaillée.

Les préparatifs doivent être faits avec assez de célérité, pour ne pas retarder le déploiement.

L'Adjudant du régiment sur lequel on déploie, doit observer de se placer dans le point où doit arriver la droite de son régiment, à moins que le déploiement ne se fasse sur le premier escadron; dans ce cas, il se porteroit au point où doit arriver la gauche.

Le Commandant en chef arrêtera la colonne à dix pas de la ligne donnée, il commandera ensuite:

I.

Sur tel escadron = *DÉPLOYEZ LA COLONNE.*

2.

MARCHE.

Au premier commandement, répété par tous les Commandans des régimens, les Chefs des escadrons qui sont en avant de celui de déploiement, commanderont, *à droite par trois au trot;* & les Chefs des escadrons qui sont en arrière de celui de déploiement, commanderont, *à gauche par trois au trot.*

Au second commandement répété par tous les Chefs d'escadron le mouvement s'exécutera, chaque Chef d'escadron marchera à hauteur de la tête de son escadron; lorsqu'il sera parvenu à six pas de distance du point où doit appuyer l'aile de l'escadron qui doit se former immédiatement avant le sien, il s'arrêtera. Son escadron continuera de marcher, & lorsque les derniers Cavaliers seront prêts d'arriver à sa hauteur, il commandera, *à gauche par trois, marche, en avant,* puis, *halte,* à hauteur des serre-files de la ligne, ensuite, *à gauche, alignement* & *fixe.*

L'escadron sur lequel on se déploie, se portera en avant, au trot; dès qu'il sera démasqué, il s'arrêtera &

s'alignera, de manière que la tête des chevaux des Lieutenans des ailes viennent contre la botte de l'Aide-de-camp & du bas Officier placés en points intermédiaires. Cet escadron servira de base d'alignement à tous ceux de la ligne.

Le Commandant en chef s'occupera de placer correctement cet escadron dans les points qu'il aura choisis.

Les Officiers supérieurs & les Chefs d'escadron se porteront sur la ligne de bataille, un peu avant de faire aligner leur escadron : ils se placeront sur le prolongement des bas Officiers placés en points intermédiaires, faisant face au côté vers lequel on s'aligne, & s'occuperont uniquement de bien placer l'étendard & les Officiers des ailes de leur escadron, dans l'alignement général des étendards de la ligne.

Pendant toute la durée du déploiement, la tête de chacun des escadrons qui marchent par le flanc, sera maintenue à la même hauteur que celle des escadrons placés du côté de la ligne de bataille, afin que si le Commandant en chef jugeoit à propos d'arrêter le déploiement avant qu'il fût terminé, les escadrons qui resteroient en colonne, après avoir fait un *à-gauche par trois*, se trouvassent bien exactement derrière ou devant celui qui seroit placé à l'aile de la ligne.

Si la colonne se déployoit sur un des escadrons des ailes, le mouvement s'exécuteroit d'après les mêmes principes.

Les troupes de réserve se porteront, dans ce mouvement, derrière le centre de leur escadron, par des *à-droite*, *à-gauche* ou *demi-tour à droite par trois*.

Observations.

Si les points de direction choisis par le Commandant en chef, donnoient une ligne qui ne fût pas exactement parallèle au front de la colonne, il seroit nécessaire de faire *halte*, à une distance suffisante pour pouvoir, avant de commander le déploiement, faire exécuter un *demi à-*

droite ou un *demi à-gauche* par efcadron, de manière que chacun de ceux qui compoferoient la colonne, fût placé parallèlement à la ligne de bataille.

Dans ce cas, les têtes de colonne de chacun des efcadrons qui marchent par le flanc, ne fe trouveront pas à la même hauteur, par conféquent le principe donné aux Chefs d'efcadron pour juger de l'inftant où ils doivent commander leur *à-gauche par trois*, ne pourra plus avoir lieu, c'eft alors à leur coup-d'œil à y fuppléer.

Les Chefs d'efcadron doivent aligner leur efcadron, auffitôt qu'ils en ont la poffibilité, fans attendre que celui qui s'eft formé avant le leur, ait terminé fon alignement.

Voyez Pl. LXXVIII.

Si les circonftances obligeoient à mettre en bataille, fur fon flanc gauche, une colonne ferrée, marchant la droite en tête, le Commandant en chef choifiroit les points de direction les plus propres à remplir fes vûes; il feroit placer fon Aide-de-camp en points intermédiaires, à l'endroit où il voudroit appuyer la gauche de la ligne.

Un bas Officier du dernier régiment de la colonne fe porteroit fur la nouvelle ligne, à la diftance du front d'un efcadron de l'Aide-de-camp du Commandant en chef, & l'Adjudant du même régiment fur le prolongement, dans le point où devoit appuyer la droite de fon régiment.

Cet Aide-de-camp & ces bas Officiers ferviront de bafe aux Adjudans des autres régimens de la colonne pour fe placer fur la nouvelle ligne.

Ces préparatifs faits, le Commandant en chef commandera :

Garde à vous.

1.

Par la queue de la colonne, à gauche = *EN BATAILLE.*

2.

MARCHE.

Ces deux commandemens feront répétés feulement par les Commandans de régimens.

Au

'Au fecond commandement, la colonne continuant de marcher en avant, le Chef du dernier efcadron commandera, *efcadron, halte ; efcadron, à gauche, au trot* ou *au galop.* Dès qu'il verra que l'efcadron qui le précède, lui aura laiffé la place néceffaire pour tourner, il fera le commandement *marche.* La converfion à gauche exécutée, il commandera *en avant,* pour fe porter vers l'Aide - de - camp & le bas Officier placés en points intermédiaires, puis *halte,* à dix pas d'eux ; enfuite *à gauche, alignement,* pour arriver à eux, & *fixe.* Le Chef de l'avant-dernier efcadron commandera *efcadron, halte,* au moment où il verra que le dernier efcadron a la place néceffaire pour tourner à gauche, & avoir en bataille l'intervalle prefcrit : il portera fon efcadron fur la nouvelle ligne, par les mêmes mouvemens qui viennent d'être expliqués pour le dernier efcadron, il l'arrêtera à hauteur des ferre-files, & le fera aligner enfuite. Tous les efcadrons de la colonne fe mettront fucceffivement en bataille, par les mêmes commandemens.

Les troupes de réferve fe placeront derrière leur efcadron par une converfion à gauche.

Si on étoit forcé de mettre en bataille, fur fon flanc droit, une colonne ferrée, marchant la droite en tête, les difpofitions fe feroient par la droite, comme elles ont été indiquées par la gauche, & l'on commanderoit :

Garde à vous.

1.

Par la queue de la colonne, à droite, ordre inverfe,
= *EN BATAILLE.*

2.

MARCHE.

Ces commandemens feront répétés & exécutés d'après les mêmes principes que les précédens.

Dans ce mouvement, les Chefs d'efcadron pafferont au flanc droit de leur efcadron, auffitôt que celui qui eft placé derrière le leur dans la colonne, leur en laiffera la poffibilité.

Les troupes de réferve feront un à-gauche par trois

de chaque rang, & passeront, au galop, par l'intervalle de la droite de leur escadron, pour venir se former derrière lui, à trente pas de distance de son centre.

Observations.

Si dans les deux mouvemens qui viennent d'être détaillés, la ligne tracée n'étoit pas parallèle à la direction des guides de la colonne, les Chefs d'escadron feroient tourner chacun le leur, plus ou moins, afin de pouvoir l'aligner bien parallèlement au bas Officier placé en point intermédiaire.

Si les circonstances forçoient de déployer une colonne serrée du côté opposé à sa marche, le Commandant en chef, après lui avoir fait faire *halte*, lui feroit exécuter la contre-marche, & la feroit déployer ensuite par les commande-mens, & d'après les principes établis précédemment.

Les colonnes serrées, marchant la gauche en tête, emploîront, dans tous les cas qui viennent d'être indiqués, des moyens analogues à ceux qui ont été prescrits pour les colonnes serrées, marchant la droite en tête.

A R T I C L E 4.
De la Marche en ligne.

L O R S Q U E les escadrons d'un régiment ou d'une brigade devront marcher ensemble de front, les Cavaliers conserveront la tête directe, ainsi qu'il a été prescrit à *l'article 3 du Titre III*, les Officiers qui sont placés à la tête des escadrons, & les Lieutenans des ailes auront seuls la tête à droite, afin de pouvoir conserver entr'eux l'intervalle prescrit.

Lorsque le Commandant en chef voudra faire marcher la ligne, il commandera:

Garde à vous.

Escadron de droite ou *de gauche, escadron* ═ *D'ALIGNE-MENT.*

Voyez Pl. LXXIX.

Si c'est l'escadron de la droite, à ce commandement,

le Lieutenant de l'aile droite du premier efcadron de la ligne, fe portera légèrement droit devant lui, fur l'alignement des Sous-lieutenans & Capitaines.

Il fera remplacé fur le champ, à l'aile de l'efcadron par le ferre-file le plus près de cette aile.

Le Commandant du régiment de la droite de la ligne, ou à fon défaut, le Chef du premier efcadron de ce régiment, fe portera en même temps à cinquante pas en avant, faifant face au Lieutenant de droite de l'efcadron d'alignement, & dans une pofition auffi perpendiculaire qu'il fera poffible, fur le front de la ligne.

Un Officier ou bas Officier choifi pour diriger la marche de la ligne, fe portera en même temps à trente pas en avant du Lieutenant de la droite, faifant face du même côté que lui ; le Commandant du régiment rectifiera d'abord la pofition de cet Officier, de manière qu'il lui couvre le Lieutenant de droite.

Il portera enfuite la lame de fon fabre bien droit vis-à-vis le milieu de fon vifage ; l'Officier choifi pour diriger la marche de la ligne, examinera alors le point éloigné qui correfpond au Commandant du régiment & à lui : ce point lui fervira de bafe pendant toute la durée de la marche, pour fe maintenir dans une direction perpendiculaire à l'alignement duquel il eft parti ; il prendra pour cela des points intermédiaires, comme il a été indiqué à *l'article 3 du préfent Titre.*

Auffitôt que le point de direction fera déterminé, le Commandant du régiment quittera la pofition qu'il avoit prife, il indiquera le point au Lieutenant de l'aile droite, & fe portera en arrière de la droite de la ligne, de manière à pouvoir juger de la direction & de l'exactitude des intervalles.

Le Commandant en chef commandera alors :

I.

Efcadron = EN AVANT.

2.

MARCHE.

Ces commandemens feront répétés par les Comman-dans des régimens & par les Chefs des efcadrons; ils feront exécutés comme il a été expliqué *au Titre III.*

L'efcadron d'alignement fervira de bafe générale, de direction & d'alignement; l'Officier ou bas Officier chargé de la direction, aura attention, au commandement *marche,* de ne pas preffer les premiers pas, jufqu'à ce que toute la ligne foit en mouvement; alors il obfervera de marcher d'une allure bien égale, fur-tout de diriger fa marche exactement fur le point en avant.

Le Lieutenant de droite de l'efcadron d'alignement, marchera de manière à refter toujours à la même diftance de cet Officier, qui doit continuellement lui couvrir le point de direction.

Il fervira lui-même de bafe à l'alignement de tous les Officiers qui marchent devant le front, & particulièrement à ceux de fon efcadron: il doit par conféquent regarder de temps en temps à gauche, & mettre la plus grande modération dans tous fes mouvemens. S'il avoit fait une faute relative à la direction ou à l'alignement, il doit la réparer infenfiblement, & fans fe preffer.

Le Maréchal-des-logis qui s'eft porté à la droite de l'efcadron d'alignement, marchera continuellement fur la direction des deux Officiers qui font devant lui, & à deux pieds de diftance de celui qu'il a remplacé; les Cavaliers du premier rang de l'efcadron d'alignement, doivent avoir la plus grande attention de ne jamais appuyer fur lui, & de céder à tous fes mouvemens.

La ligne doit toujours parcourir les trente ou quarante premières toifes, à une allure modérée, afin que le Commandant du régiment de la droite puiffe juger fi le point de direction eft bien perpendiculaire fur le front de la ligne, & le rectifier, s'il eft néceffaire, par les moyens fuivans.

S'il

S'il s'aperçoit que les intervalles se rétréciffent fenfible-
ment, il fera fûr que le point eft trop à gauche, & alors
il ordonnera à l'Officier qui marche en avant, d'en prendre
un vers la droite qu'il lui indiquera, ainfi qu'au Lieutenant
qui doit fuivre tous fes mouvemens. Si au contraire les
intervalles s'élargiffent, il fera changer de point vers la
gauche, d'après les mêmes principes.

Après une ou deux rectifications femblables, il doit
être affuré de la bonté de la direction, ce qui eft néceffaire pour marcher correctement à des allures vives.

Si le Commandant en chef défignoit l'efcadron de la
gauche, pour être l'efcadron d'alignement, le Lieutenant
de l'aile gauche de cet efcadron fe porteroit fur l'alignement des Officiers qui marchent devant le front, ainfi
qu'il a été expliqué pour le Lieutenant de l'aile droite
de l'efcadron de droite.

Toutes les autres difpofitions fe feroient, d'après les
mêmes principes qui ont été détaillés ci-deffus, pour le
cas où le Commandant en chef auroit choifi l'efcadron
de la droite, pour fervir de bafe d'alignement ; le guide
fera alors à gauche ; & pendant toute la durée de la marche
de ligne, les Cavaliers feront aftreints à fuivre les mouvemens de la gauche.

Les Officiers qui font placés devant le front, doivent
tous s'aligner fur ceux de l'efcadron d'alignement, mais
en préférant toujours l'enfemble à l'alignement individuel.

Les efcadrons doivent marcher à une allure franche ;
l'incertitude étant, pour l'ordinaire, la caufe du défaut
d'enfemble.

Dans les allures du trot & du galop, fi un ou plufieurs efcadrons dépaffoient l'alignement général, leurs
Chefs les ralentiroient ; fi, au contraire, ils fe trouvoient
en arrière, ils leur feroient regagner l'enfemble ; ces mouvemens doivent fe faire avec beaucoup de modération &
infenfiblement ; cette défectuofité momentanée n'influant
en rien fur le bon ordre de la ligne.

On portera la plus grande attention à ce que les

efcadrons obfervent leur intervalle ; ils fe perdent, quand les deux ailes de l'efcadron ne marchent pas au même degré de vîteffe, ou que les Cavaliers fe portent de côté.

Ces fautes doivent être peu fréquentes, fi les Lieutenans des ailes font attentifs, & s'ils obfervent de réparer, avec beaucoup de modération, les incorrections qui peuvent furvenir.

Si cependant, il arrivoit que l'intervalle du côté de l'alignement fe rétrécît d'une manière fenfible, & que l'intervalle du côté oppofé s'agrandît en proportion, le Chef d'efcadron examineroit attentivement fi le front de fon efcadron ne forme pas un angle avec celui de la ligne ; fuppofé que la faute vînt de-là, il ordonneroit à l'aile oppofée au côté de l'alignement de ralentir tant foit peu fon allure.

Si, au contraire, le Chef d'efcadron remarquoit que les Cavaliers euffent porté la main gauche du côté de l'efcadron d'alignement, il commanderoit : *oblique à gauche, marche*, pour regagner fon intervalle, & *en avant*, lorfqu'il l'auroit repris.

Si l'intervalle du côté de l'efcadron d'alignement s'étoit agrandi, & que celui du côté oppofé fe fût rétréci, le Chef d'efcadron y remédieroit en fens contraire, par un des deux moyens qui viennent d'être expliqués.

Le Chef d'efcadron doit pour cela fe tenir au point d'où il croira pouvoir le mieux apercevoir l'enfemble de la ligne & celui de fon efcadron.

S'il arrivoit, en marchant en bataille fur un grand front, que quelques efcadrons fe ferraffent au point de déranger les files, le Chef d'efcadron feroit refter une fection ou un peloton en arrière, par les moyens indiqués à *l'article 9 du Titre III* ; il le feroit enfuite rentrer en ligne, lorfqu'il en auroit la poffibilité ; il en fera de même toutes les fois qu'un efcadron ou portion d'efcadron trouvera dans fa marche un obftacle.

Si l'obftacle couvroit le front de plufieurs efcadrons, le Commandant du régiment feroit rompre à droite ou à gauche, ou bien à droite & à gauche par peloton, pour fe porter & marcher ainfi en colonne derrière l'aile des efcadrons voifins qui auront continué leur marche, & fe reformer enfuite en ligne, enfemble ou fucceffivement, fuivant que le terrain le permetrroit.

Obfervations.

L'exactitude de la marche en bataille dépend infiniment de l'attention que les Officiers fupérieurs & les Chefs d'efcadron doivent mettre à faire obferver tous les principes qui viennent d'être détaillés.

Ils examineront continuellement l'enfemble de la ligne, afin de pouvoir rectifier les fautes.

Ils ne doivent pas répéter fréquemment les mouvemens d'oblique à droite ou à gauche, parce qu'ils finiroient néceffairement par mettre du défordre dans les efcadrons.

On défignera l'efcadron de la droite plus habituellement que tout autre, pour fervir de bafe d'alignement; il fera bon cependant d'exercer, de temps en temps, les régimens à marcher en bataille, l'efcadron d'alignement étant celui de la gauche de la ligne, & par conféquent avec le guide à gauche.

Si les circonftances obligeoient le Commandant en chef de changer fon point de direction pour en prendre un plus ou moins éloigné, vers la droite ou vers la gauche, il emploîra les moyens fuivans.

Gagner du terrain vers un de fes flancs, en marchant en bataille.

Si le point, vers lequel le Commandant en chef veut diriger la ligne, eft placé de manière à lui faire gagner du terrain vers la droite, il commandera :

1.

Peloton = *DEMI-À-DROITE.*

2.

MARCHE.

Ces commandemens feront répétés par tous les Commandans des régimens & les Chefs des efcadrons, & feront exécutés comme il eft prefcrit à *l'article 6 du Titre III.*

Lorfque le Commandant en chef aura porté la droite vis-à-vis du point vers lequel il veut la faire marcher, il remettra la ligne en marche de front, ainfi qu'il eft prefcrit au *même article,* & il indiquera à l'Officier chargé de la direction, de même qu'au Lieutenant de droite, le point fur lequel ils doivent fe porter.

Obfervations.

Le bas Officier de droite du premier peloton de chaque efcadron, doit, dans cette marche oblique, prendre fa direction un peu vers la gauche du bas Officier de gauche du quatrième peloton de l'efcadron qui le précède.

Suppofé que le point vers lequel le Commandant en chef voudroit diriger fa ligne, l'obligeât de lui faire gagner du terrain vers la gauche, on emploîroit, en fens contraire, les moyens qui viennent d'être détaillés.

Si c'étoit l'efcadron de la gauche qui eût fervi de bafe d'alignement, on donneroit le point de direction par la gauche, après la marche oblique, ainfi qu'il vient d'être prefcrit de le donner par la droite, dans le cas où l'efcadron fe trouveroit placé à l'aile droite de la ligne.

Arrêter & aligner après la marche en ligne.

Lorfque le Commandant en chef voudra faire arrêter la ligne, fi elle marche au galop, il commencera par la remettre au trot, & commandera enfuite :

Garde à vous.

I.

ESCADRONS.

2. *HALTE.*

2.

HALTE.

Ces commandemens feront répétés par les **Commandans** des régimens & les Chefs des efcadrons; ils feront exécutés, comme il a été expliqué au *titre III.*

Au fecond commandement, les Officiers qui font placés à la tête des efcadrons feront fur le champ un à-droite, le Lieutenant de droite de l'efcadron d'alignement fera feul un à-gauche. Le Commandant du régiment de la droite placera, avec la plus grande célérité, les Officiers de l'efcadron d'alignement, de manière à fervir de bafe à ceux du refte de la ligne ; il obfervera en conféquence, que le prolongement de cet alignement ne paffe en arrière d'aucun des efcadrons de la ligne, mais auffi qu'il ne les oblige pas à fe porter trop en avant.

Tous les Officiers de la ligne qui auront fait un à-droite fe placeront, le plus promptement & le plus correctement poffible, fur la direction des Officiers de l'efcadron d'alignement.

Chaque Chef d'efcadron, immédiatement après avoir répété le commandement, *halte,* fe portera en avant de l'aile gauche de fon efcadron, afin de pouvoir juger fi les Officiers de fon efcadron fe font placés exactement fur le nouvel alignement; il commandera enfuite, *à droite, alignement :* à ce commandement, l'efcadron fe portera en avant pour s'aligner, de manière que les Brigadiers du centre de chaque divifion, & ceux du centre de l'efcadron aient la tête de leurs chevaux contre la botte des Officiers qui ont fait face à droite.

Chaque Chef d'efcadron rectifiera, avec la plus grande rapidité, la pofition des Officiers des ailes & de l'étendard de fon efcadron, fur l'enfemble de ceux de la ligne.

L'alignement terminé, chaque Chef d'efcadron commandera *fixe;* à ce commandement, les Officiers qui auront fait face à droite, reprendront leur place de bataille, ainfi que le Lieutenant de droite de l'efcadron d'alignement.

Cavalerie.   H h h

Obfervations.

Si l'efcadron d'alignement étoit celui de la gauche de la ligne, le Lieutenant de la gauche de cet efcadron feroit feul un à-droite, & tous les autres Officiers placés devant le front des efcadrons feroient un à-gauche.

Les Officiers fupérieurs veilleront à l'exactitude de l'alignement & à fa célérité. Il eft très-important d'habituer les Chefs d'efcadron à ne pas rendre leur alignement dépendant de celui de l'efcadron qui les avoifine, & à fe règler promptement fur l'enfemble de la ligne.

Changer la direction de la ligne, en avançant la droite ou la gauche.

V. Pl. LXXXI.

Si le Commandant en chef vouloit donner à la ligne une direction, en avançant la gauche, il placeroit un Aide-de-camp & un bas Officier du premier régiment dans la nouvelle direction, fe faifant face l'un à l'autre, de manière à pouvoir fe trouver, dans le nouvel aligne-ment, vis-à-vis des Lieutenans des ailes de l'efcadron de la droite. Un Adjudant du régiment de la droite fe porteroit fur le champ fur le prolongement, à la diftance où devroit appuyer la gauche de fon régiment. Les Adjudans des différens régimens de la ligne fe porteroient fur le prolongement, comme il a été expliqué précé-demment.

Ces difpofitions faites, le Commandant en chef commandera :

Garde à vous.

Changez de direction = *ALIGNEMENT À DROITE.*

A ce commandement, répété par les Commandans des régimens, chaque Chef d'efcadron commandera, *efcadron, en avant, guide à droite, marche;* puis après avoir porté fon efcadron plus ou moins en avant, fuivant fa pofition dans la ligne, & fuivant le degré d'obliquité de la nouvelle direction, il commandera, *demi-à-droite;* le demi-à-droite étant exécuté, & l'efcadron fe trouvant parallèle à la nouvelle ligne, le Commandant d'efcadron commandera *en avant,* pour que l'efcadron arrive fur l'alignement.

Tous les efcadrons fe porteront & s'aligneront fucceffivement fur la nouvelle ligne, d'après les principes donnés dans l'*article 3 du Titre I.ᵉʳ*

Si on vouloit avancer la droite, on emploîroit les mêmes moyens en fens contraire.

Mais fi le changement de direction devoit être affez confidérable pour forcer la ligne à faire un quart de converfion entier, le Commandant en chef commenceroit par la rompre à droite ou à gauche par peloton ; il la formeroit enfuite en bataille, par les moyens indiqués dans l'*article précédent du préfent Titre.*

Faire marcher une ligne en arrière.

Lorfque le Commandant voudra faire marcher fa ligne en arrière, il commandera :

Garde à vous.

1.

Pelotons = DEMI-TOUR À DROITE.

2.

MARCHE.

Ces commandemens feront répétés par tous les Commandans des régimens & les Chefs des efcadrons ; ils feront exécutés comme il eft prefcrit à l'*article 7 du Titre III.*

Le Commandant en chef défignera l'efcadron de la droite pour fervir de bafe d'alignement.

Le Lieutenant de droite de cet efcadron, fe portera fur l'alignement des ferre-files qui doivent, dans la marche rétrograde, refter devant le front de leur efcadron : ce Lieutenant fera remplacé, à l'aile de l'efcadron, par le Sous-lieutenant le plus voifin de cette aile.

Le Commandant en chef, ou à fon défaut, le Chef de l'efcadron d'alignement, fera porter en avant de ce

Lieutenant, un Officier défigné à cet effet, & lui indiquera le point de direction fur lequel il doit marcher, d'après les mêmes principes établis précédemment. Si le Commandant en chef défigne l'efcadron de la gauche pour fervir de bafe d'alignement, on fe conformera vers l'aile gauche, à ce qui vient d'être prefcrit pour l'aile droite.

La marche rétrograde fera affujettie aux mêmes règles que la marche en ligne. Avant d'arrêter, on fera face en tête par un mouvement femblable à celui qu'on aura employé pour faire face en arrière.

Voyez Pl. LXXXII.

Si la marche rétrograde avoit pour objet de fe retirer à travers une plaine, le Commandant en chef commenceroit par faire former deux lignes, avec des intervalles tant pleins que vides, en portant les efcadrons impairs de la ligne en avant. Il défigneroit les Commandans de la première & de la feconde ligne, & feroit enfuite fonner la retraite.

Le Commandant de la feconde ligne la porteroit alors à cent pas en arrière de la première, par les commandemens qui viennent d'être indiqués; & auffitôt qu'il lui auroit fait faire face en tête, le Commandant de la première ligne exécuteroit les mêmes mouvemens pour paffer dans les intervalles de la feconde, & fe porter à cent pas derrière elle; ces mouvemens continueroient ainfi fucceffivement, jufqu'à ce que le Commandant en chef fît fonner le ralliement; alors la ligne qui fe trouveroit en arrière feroit face en tête, & fe porteroit en avant pour rentrer à fa place & s'aligner fur l'autre.

Lorfqu'une ligne paffera dans les intervalles de l'autre, celle-ci fe portera quelques pas en avant.

Dans ce mouvement, le Commandant en chef pourra employer les troupes de réferve à couvrir le front de la ligne, ou à marcher fur les flancs; celles de ces troupes dont il n'aura pas difpofé, fuivront la marche de leur efcadron.

Obfervations

Obfervations générales relatives à la Marche en ligne.

La marche en ligne étant un des objets le plus important de l'inftruction de la Cavalerie, on y exercera fréquemment les régimens.

Pour affurer & pour perfectionner l'inftruction, le Commandant de la ligne pourra quelquefois faire fucceffivement accélérer & ralentir, fans commandement, l'allure de l'efcadron d'alignement, ou lui faire de même changer fa direction, en appuyant un peu fur la ligne, ou en s'éloignant d'elle; mais ces moyens d'inftruction ne feront pas employés dans les grandes manœuvres, où il ne faut plus s'occuper que des réfultats.

Le Commandant en chef ne fera paffer la ligne à une allure plus vive, que dans le moment où elle fera bien enfemble.

S'il arrive le moindre défordre, il doit la mettre au pas, jufqu'à ce qu'elle foit bien conformée dans la pratique des principes qui viennent d'être établis.

Comme dans les allures vives, les intervalles entre les efcadrons doivent néceffairement s'altérer, les Officiers fupérieurs & les Chefs d'efcadron obferveront qu'il ne faut les reprendre que quand on paffera à des allures plus modérées.

De la Charge.

La charge eft l'action décifive de la Cavalerie, & l'ordre déployé eft le plus propre à ce mouvement; on peut, dans cet ordre, déborder & tourner les flancs de l'ennemi, fi on eft fupérieur en nombre; & fi on eft inférieur, on fait au moins ufage de toutes fes forces.

L'attaque, en ordre déployé, peut fe faire en ligne parallèle, par échelons & en ligne oblique.

L'attaque, en ligne parallèle, a pour objet d'engager à la fois toute l'étendue de fon front.

L'attaque, par échelons, a pour objet de porter fucceffivement fes forces contre l'ennemi, ou d'en tenir une partie en réferve ; elle eft ainfi compofée de plufieurs attaques parallèles & fucceffives.

Par l'attaque en ligne oblique, on peut refufer une de fes ailes à un ennemi dont le front feroit plus étendu, en tâchant en même temps de le déborder à un de fes flancs : dans tous les cas, ces diverfes charges doivent s'exécuter comme il eft dit ci-après.

Mouvement de la Charge.

Le Commandant en chef indiquera le point de direction fur lequel doit fe porter l'Officier placé en avant du Lieutenant de l'aile droite de l'efcadron d'alignement.

Si la ligne eft encore de pied-ferme, ou au pas, le Commandant en chef lui fera les commandemens ou les fignaux néceffaires pour la mettre au trot.

Il commandera enfuite :

Garde à vous pour charger.

A cet avertiffement, répété par les Commandans des régimens, les Officiers fupérieurs fe placeront vis-à-vis leurs intervalles refpectifs, fur l'alignement des Officiers qui marchent devant le front.

Les Chefs d'efcadron fe porteront à la droite du premier Capitaine de leur efcadron ; & fi les Cavaliers n'avoient pas le fabre à la main, les Chefs d'efcadrons commanderoient : *fabre à la main.*

Si les Trompettes fe trouvoient réunis à la droite du régiment, ils reprendroient leur place ordinaire dans l'ordre de bataille.

Lorfque la ligne fera parvenue à la diftance à laquelle elle doit prendre le galop, le Commandant en chef fera fonner un demi-couplet très-bref de la marche ; tous les Trompettes de la ligne le répéteront avec la plus grande promptitude.

A ce fignal, les Chefs d'efcadron commanderont,

Au galop, = M A R C H E.

A la diftance prefcrite pour alonger l'allure, le Commandant en chef fera fonner la charge, ce qui fera répété promptement par tous les Trompettes de la ligne ; alors les Chefs d'efcadron commanderont *chargez*. Tous les Cavaliers approcheront les jambes pour alonger le galop le plus poffible, fans cependant abandonner leur rang, ni perdre leur enfemble.

L'Officier placé en avant de la droite, ralentira de manière à fe trouver à côté du Lieutenant de l'efcadron d'alignement devant lequel il marchoit.

Lorfque la ligne fera cenfée avoir enfoncé l'ennemi, lequel fera toujours repréfenté par quelques Cavaliers placés ainfi qu'il fera dit ci-après, le Commandant en chef commandera :

Garde à vous.

1.

ESCADRONS.

2.

HALTE.

A l'avertiffement *garde à vous*, répété par tous les Officiers fupérieurs & Chefs d'efcadron, les Trompettes cefferont de fonner, & les Cavaliers ralentiront leurs chevaux.

Au premier commandement, répété comme avertiffement, la ligne fe mettra au pas.

Elle arrêtera au fecond commandement, & s'alignera, d'après les principes établis.

On exercera la Cavalerie à déborder & à envelopper les flancs de l'ennemi à la charge, foit en y employant les troupes de réferve, ou bien des efcadrons tirés de la feconde ligne : ce mouvement pourra s'exécuter avec les troupes de réferve réunies, & des deux manières fuivantes :

Suppofé qu'on ait huit efcadrons, & qu'on fe propofe de déborder la ligne oppofée, en augmentant fon front

TITRE IV.

Voyez
Pl. LXXXIII.

également des deux côtés, on mettra la ligne en mouvement.

Pendant qu'elle marchera au trot, les troupes de réferve du régiment de la droite exécuteront chacune un demi-à-droite pour fe porter vers la droite, ayant attention de fe rapprocher l'une de l'autre, de manière à fe trouver réunies lorfqu'elles fe mettront en bataille. Les troupes de réferve du régiment de la gauche fe porteront vers la gauche de la même manière, par des demi-à-gauche.

Auffitôt que les unes & les autres auront débordé les ailes de la ligne, elles fe mettront en bataille par les mouvemens contraires, & fe porteront légèrement fur l'alignement général, elles chargeront avec la ligne, & à la fin de la charge, toute la partie qui fera cenfée avoir débordé les flancs de l'ennemi, fera un mouvement pour l'envelopper.

Au lieu d'employer, comme ci-deffus, les troupes de réferve à étendre les troupes de la ligne, on pourra les difpofer en colonne derrière les ailes, ou les y porter pendant que la ligne commencera fon mouvement.

Voyez
Pl. LXXXIV.

Celles du premier régiment feront formées, la droite en tête, derrière l'aile droite, & celles du deuxième régiment, la gauche en tête, derrière l'aile gauche.

Elles fe placeront à dix pas derrière l'exrémité des ailes, & couvertes par elles.

Pendant que la ligne marchera en avant au trot, ces deux colonnes fe porteront obliquement à droite & à gauche jufqu'à hauteur du front de la ligne, en laiffant neuf à dix pas d'intervalle entr'elles & l'aile de cette ligne: elles chargeront avec elles; à la fin de la charge, elles la déborderont de toute leur profondeur, & fe mettront en bataille, l'une à gauche & l'autre à droite, de manière à fe trouver en potence fur le flanc de l'ennemi.

Elles pourront, à la fin de la charge, avant de fe mettre en bataille, prendre une direction oblique fur le front de la ligne, au lieu d'en prendre une perpendiculaire;

par

par ce moyen elles déborderont davantage les flancs de l'ennemi.

Dans la charge en ligne oblique, ces mouvemens n'auront lieu que du côté de l'aile attaquante.

Lorfque le Commandant en chef voudra faire pour-fuivre l'ennemi, à la fin de la charge, après avoir fait le commandement *halte*, il ordonnera, s'il le juge à propos, aux troupes qui auront enveloppé le flanc de la ligne oppofée, de fe difperfer en tirailleurs après elle.

Suppôfé qu'il n'eût pas employé les troupes de réferve à fe porter fur les flancs pendant la charge, après le commandement *halte*, il commanderoit *FLANQUEURS, EN AVANT:* ce commandement fera répété par tous les Officiers fupérieurs & les Chefs d'efcadron, & exécuté ainfi qu'il eft prefcrit dans l'École de l'efcadron, excepté que les tirailleurs feront *feu* auffitôt qu'ils auront dépaffé le front de la ligne, fans attendre aucun fignal.

Le Commandant en chef pourra auffi détacher, pour pourfuivre l'ennemi, quelques efcadrons de la ligne, ou le quatrième peloton de chaque efcadron ; dans ce dernier cas, immédiatement après le commandement *HALTE*, il commandera, *QUATRIÈME PELOTON, EN TIRAILLEURS.*

Ce commandement fera répété par tous les Comman-dans de régiment & les Chefs des efcadrons ; il fera exécuté comme il eft expliqué à l'*article 10 du Titre III.*

Si les troupes de réferve ne font point employées à envelopper l'ennemi, elles pafferont alors de front par les intervalles que les quatrièmes pelotons laifferont à la gauche de chaque efcadron, & fuivront les tirailleurs de ces quatrièmes pelotons, pour les foutenir & les aider à fe rallier, s'il eft néceffaire.

Dans toutes ces différentes fuppofitions, le Comman-dant en chef fera fonner le ralliement lorfqu'il voudra faire rentrer les troupes qui auront pourfuivi l'ennemi ; le ralliement s'exécutera comme il eft prefcrit à l'*article 10 du Titre III.* S'il étoit néceffaire de faire avancer quelques efcadrons pour les protéger, le Commandant en chef en donneroit l'ordre.

De la Charge en Colonne.

La charge en colonne pouvant être quelquefois avantageufe à exécuter contre l'Infanterie, furtout quand cette Infanterie eft en maffe, on exercera la Cavalerie à ce mouvement, des deux manières fuivantes.

Charge en Colonne, un feul régiment formant l'attaque, & le fecond le foutenant en Bataille.

Si la ligne eft compofée de huit efcadrons, & qu'elle marche en ordre déployé, le Commandant en chef, après l'avoir arrêtée, fera former le premier régiment en colonne ferrée fur le quatrième efcadron.

Voyez
Pl. LXXXV.
Fig. 1.

Il fera enfuite les commandemens néceffaires pour mettre cette colonne en marche; dans l'inftant où elle fe portera en avant, le Commandant du deuxième régiment la fera rompre à droite par peloton, & marcher droit devant lui, pour la placer de manière à déborder les flancs de la colonne du premier régiment du front d'un efcadron & demi; il commandera enfuite *à gauche en bataille*, & fuivra la marche du premier régiment à la diftance qu'il occuperoit, s'il étoit en colonne par efcadron, avec des diftances de la moitié du front des efcadrons feulement.

Le Commandant en chef mettra enfuite les deux régimens au trot, & il commandera :

Garde à vous pour charger.

A ce commandement, répété par les Commandans des régimens, les Officiers fupérieurs du premier régiment fe placeront ainfi qu'il fuit :

Ibid.
Fig. 2.

Le Lieutenant-colonel du premier régiment, à la droite du Chef du premier efcadron; le Major du même régiment à la droite du chef du troifième efcadron.

Le Colonel & le Major en fecond de ce même régiment, fur le flanc gauche de la colonne, à la hauteur des Officiers du premier efcadron.

Les Trompettes du premier régiment, chacun à la droite du Chef de leur efcadron.

Après cette difpofition, le Commandant en chef mettra les deux régimens en mouvement, & à l'inftant où il voudra que le premier régiment fe mette au galop, il fera fonner un demi-couplet très-bref de la marche; il déterminera enfuite, par la fonnerie de la charge, le moment où il devra charger, & les quatre efcadrons exécuteront la charge enfemble.

Le fecond régiment fuivra en bataille, au grand trot, la marche & la charge du premier régiment.

Auffitôt que celui-ci fera fuppofé avoir battu la ligne ennemie, & qu'il l'aura dépaffée d'environ quarante pas, le Commandant en chef fera faire *HALTE* aux deux régimens.

Charge en Colonne avec un feul Régiment, le fecond le foutenant avec deux Efcadrons, & chargeant en flanc, avec les deux autres & les Troupes de réferve.

Voyez Pl. LXXXVI.

Au moment où le premier régiment fe mettra en mouvement pour chercher la ligne ennemie, le Commandant du fecond régiment fera porter en avant les premier & quatrième efcadrons de fon régiment, auxquels il réunira les troupes de réferve; favoir, avec le premier efcadron, celles des premier & fecond efcadrons, & avec le quatrième efcadron, celles des troifième & quatrième : ces troupes de réferve fe réuniront & fe placeront en colonne à la droite & à la gauche des premier & quatrième efcadrons, & chargeront l'ennemi par les flancs, & elles le pourfuivront, en fuppofant que la charge ait eu du fuccès.

Dans le cas contraire, le fecond régiment refteroit en bataille, & attendroit les ordres du Commandant en chef, pour fe difpofer à fe mettre en maffe, pour charger de nouveau l'ennemi, s'il y avoit lieu.

Alors les troupes de réferve feroient difpofées de la même manière que l'avoient été précédemment celles du premier régiment.

Dans ce mouvement, les troupes de réferve des deux premiers efcadrons du premier régiment, feront placées fur le flanc droit de la colonne, & celles des deux derniers efcadrons du même régiment, le feront fur fon flanc gauche.

Elles fe difperferont en tirailleurs dès que la charge aura eu du fuccès, & que le dernier efcadron de leur régiment fera cenfé avoir dépaffé la ligne ennemie; elles fe reformeront enfuite fur les flancs de la colonne, lorfqu'on fera fonner le ralliement.

Suppofé que la brigade eût été en colonne avec diftance, avant de la difpofer pour charger, on auroit de même formé le premier régiment en colonne ferrée, & le fecond régiment en bataille derrière le premier, par les moyens qui ont été détaillés précédemment.

Obfervations.

Lorfqu'on voudra faire exécuter ce mouvement à un feul régiment, on le formera en colonne ferrée, comme il vient d'être détaillé pour le premier régiment de la brigade ; mais alors on ne fera charger que les trois premiers efcadrons. Le quatrième efcadron les fuivra à la diftance du front d'un efcadron & demi ; les troupes de réferve feront difpofées fur les flancs pour charger & pourfuivre l'ennemi, après que la charge fera cenfée avoir réuffi.

Dans les exercices journaliers, les charges doivent être courtes, mais hardies & impétueufes ; c'eft toujours en raifon du degré de leur impulfion qu'on doit compter fur le fuccès.

Lorfqu'on fuppofe qu'elles s'exécutent contre une ligne d'Infanterie, il faut parcourir environ quatre-vingt

toifes

toifes au galop, & les cent derniers pas, au plus grand train.

Lorfqu'on fuppofe qu'elles s'exécutent contre la Cavalerie, il ne faut parcourir qu'environ cent pas au galop, & les cinquante derniers, feulement au grand train de charge.

Pour juger de l'exécution de cette manœuvre importante, en même temps que pour lui affigner toujours un but & une direction, le Commandant en chef fe placera à l'extrémité de la carrière qu'il veut faire parcourir à la ligne, lui faifant face; & il fera placer, en avant de lui quelques bas Officiers pour repréfenter la ligne ennemie.

À l'approche de la ligne, ces bas Officiers s'éloigneront, & on ne commandera *efcadrons, halte,* qu'après avoir dépaffé l'alignement fur lequel ils étoient placés.

Les Commandans des Corps & les Chefs d'efcadron ne doivent jamais perdre de vue qu'un des avantages les plus réels, dans ce mouvement, eft de maintenir l'enfemble des régimens & des efcadrons, de les rallier enfuite le plus promptement poffible, pour être en état de combattre les nouvelles troupes qui pourroient fe préfenter.

On habituera les régimens à faire une feconde charge immédiatement après la première.

Quand on voudra donner cette leçon à un régiment ou à une ligne, il fera néceffaire de choifir un terrain d'une grande étendue, & d'y marquer par des bas Officiers, les deux pofitions de l'ennemi.

Lorfqu'on exercera des corps de Cavalerie peu nombreux, on pourra fuppofer que l'ennemi fe préfente inopinément fur leurs flancs, devant ou derrière eux, pendant qu'ils marchent encore en colonne; alors, immédiatement après les avoir mis en bataille, on leur fera exécuter une charge.

On pourra de même faire charger après avoir déployé une colonne ferrée; mais il eft important de n'effayer ces mouvemens difficiles, que quand on fera parfaitement fûr de leur exécution, attendu que s'ils étoient manqués, ils entraîneroient un défordre nuifible aux progrès de l'inftruction de la Cavalerie.

Dans la charge en ligne déployée, la portion de la troupe de réferve de chaque efcadron, dont le Commandant en chef n'aura pas difpofé, & qui par conféquent fera reftée derrière la ligne, fe tiendra à portée de l'intervalle de droite de fon efcadron, afin de pouvoir s'y porter, s'il devenoit trop étendu, ou que l'ennemi effayât d'y entrer; elle auroit foin de remplir de même les trouées qui pourroient fe faire dans l'efcadron par quelque motif que ce fût.

On exercera en conféquence, de temps en temps, les troupes de réferve à remplir ainfi les intervalles de la ligne dans la marche au trot.

TITRE V.

Huffards.

LES régimens de Huffards exécuteront tout ce qui eft prefcrit pour la Cavalerie, dans les *quatre premiers Titres de la préfente Ordonnance*, en fe conformant feulement aux changemens qui vont être détaillés.

ARTICLE PREMIER.

TROISIÈME LEÇON du Titre II.

Repofez-vous = *SUR VOS ARMES.*

Au fecond mouvement, placer la main droite au-deffus de la gauche.

Portez = *VOS ARMES.*

Au fecond mouvement, faifir l'arme de la main gauche, au-deffus de la droite.

Article 2.

Première Leçon.

Préparez-vous pour monter à cheval.

À la première partie du commandement, porter la main droite à hauteur & à un pied de diſtance de l'épaule, les doigts fermés, le pouce un peu en avant.

À CHEVAL.

Au ſecond mouvement, faire le geſte, de jeter la carabine par-deſſus l'épaule, le reſte, comme la Cavalerie.

Préparez-vous pour ſauter à terre.

À la première partie du commandement, croiſer les deux rênes dans la main gauche, en reportant la droite ſur le côté, afin de faire le mouvement de ſaiſir la carabine, l'élevant enſuite à hauteur & à un pied de diſtance de l'épaule droite.

À la deuxième partie du commandement, faire le mouvement de jeter la carabine par-deſſus l'épaule, empoigner les crins avec les quatre doigts de la main bien fermée, le pouce alongé ſur la ſeconde jointure du premier doigt.

Le ſecond mouvement, comme la Cavalerie.

FRONT.

Comme la Cavalerie, en faiſant le geſte de rabattre la carabine.

Par la droite ═ DÉFILEZ.

À la première partie du commandement, porter la main droite à hauteur & à un pied de diſtance de l'épaule, les doigts fermés, le poing un peu en avant.

Le reſte, comme la Cavalerie, en obſervant, au ſecond mouvement, de faire le geſte de jeter la carabine par-deſſus l'épaule.

MARCHE.

À ce commandement, baiſſer la main gauche, pour ſaiſir le ſabre, ſans quitter les rênes, en partant du pied gauche.

Par la gauche = *DÉFILEZ.*

À la première partie du commandement, porter la main droite à hauteur & à un pied de diftance de l'épaule, les doigts fermés, le pouce un peu en avant.

MARCHE.

Le refte, comme la Cavalerie, en obfervant, au fecond mouvement, de faire le gefte de jeter la carabine par-deffus l'épaule.

SECONDE & TROISIÈME LEÇONS.

Préparez-vous pour monter à cheval.

EN SELLE.

À la première partie du commandement, faifir la carabine deffous la batterie, avec la main droite, le poignet renverfé, les ongles en deffous, la paffer perpendiculairement fous le bras droit, pour la porter en avant, la main droite à un pied & à hauteur de l'épaule droite, touchant le deffous de la barre, la croffe en l'air, la batterie en dehors.

À la feconde partie du commandement, comme la Cavalerie.

Le troifième mouvement, comme la Cavalerie.

Au quatrième, faire deux grands pas, en commençant du pied droit, faifant un demi-tour à gauche fur la pointe du pied gauche, & reportant le pied droit à côté du gauche, le côté droit tourné vers le flanc du cheval.

Au cinquième mouvement, abandonner les rênes de la main gauche, les contenir avec la main droite qui fe placera fur la palette de la felle.

Au fixième mouvement, mettre le pied gauche à l'étrier jufqu'à la racine du pouce, le genou appuyé à l'épaule du cheval; fe tenir fur la pointe du pied droit, faifir de la main gauche une poignée de crins, le plus avant poffible.

À CHEVAL.

S'élancer du pied droit en tirant fortement les crins
à foi;

à foi ; appuyer en même temps la main droite fur la palette, de manière à ne pas faire tourner la felle ; le corps droit ; paffer la jambe droite tendue par-deffus la croupe du cheval, fans la toucher, & fe mettre légèrement en felle, en reportant la main droite, fans quitter les rênes, fur l'arçon de la felle, le pouce en dehors, les quatre doigts en dedans ; fur le champ, abattre la carabine très-doucement, & féparer les rênes dans les deux mains.

Obfervations.

On indique ici la manière de monter à cheval avec la carabine, quoique les Huffards n'aient pas encore leurs armes, afin de ne pas répéter tous les détails de ce mouvement à la feptième leçon.

Préparez-vous pour mettre pied à terre.

A la première partie du commandement, prendre les rênes dans la main gauche, faifir, en un feul temps, la carabine de la main droite, & la placer à un pied & à hauteur de l'épaule, ainfi qu'il a été expliqué pour monter à cheval.

La deuxième partie du commandement, comme la Cavalerie, en y ajoutant de paffer la carabine par-deffus l'épaule, après avoir doublé les rangs.

Le deuxième mouvement, comme la Cavalerie.

PIED À TERRE.

S'enlever fur l'étrier gauche, paffer la jambe droite tendue par-deffus la croupe du cheval, fans la toucher, defcendre légèrement à terre, le corps droit, les deux talons rapprochés & fur la même ligne. Quitter les crins de la main gauche, faifir les rênes à fix pouces de la bouche du cheval, la main droite tenant les rênes par le bout, & appuyée fur la palette de la felle.

Le fecond mouvement, comme le troifième de la Cavalerie.

REPRENEZ VOS RANGS.

Comme la Cavalerie, en y ajoutant de rabattre la carabine, dès que les rangs feront formés.

Cavalerie.   M m m

SEPTIÈME LEÇON.

Inspection des Armes.

HAUT LE MOUSQUETON.

Retirer la courroie de la chabraque, placer fous les cuiffes, la partie qui couvre les piftolets, fans quitter les rênes.

Au fecond mouvement, faifir de la main droite la carabine à la poignée, l'élever pour appuyer la croffe fur la cuiffe, le bout haut, & vis-à-vis l'épaule droite.

Remettre la carabine en fon lieu.

Baiffer le bout, en portant la main droite un peu à droite, & pouffant la croffe bien en arrière.

L'Infpection des armes étant faite, replacer la chabraque fur les piftolets, l'affujettiffant avec la courroie.

TITRE VI.

Dragons.

ARTICLE PREMIER.

De l'Inftruction à pied.

L'INSTRUCTION des Recrues, tant à pied qu'à cheval, fera la même que celle qui a été prefcrite pour la Cavalerie, à l'exception des articles qui vont être détaillés ci-après.

Du maniement des Armes.

Les fix premiers temps de la charge, comme la Cavalerie.

L'ARME À GAUCHE.

Un temps & deux mouvemens.

PREMIER, comme la Cavalerie, excepté que la main gauche coulera jufqu'à l'anneau de la grenadière.

Second, comme la Cavalerie, excepté qu'on posera la crosse à terre, sans frapper, le bout du canon à huit pouces, & vis-à-vis le défaut de l'épaule droite.

Commandemens pour les Feux.

Les Dragons emploîront pour les feux, les mêmes commandemens que la Cavalerie. On leur fera habituellement exécuter le feu de files, & pour cela, l'on commandera:

1.

Feu de file.

2.

Escadron ou *Peloton.*

3

A R M E S.

4.

C O M M E N C E Z   L E   F E U.

Au premier commandement, s'il y a un Officier ou bas Officier devant le front, il passera à la droite des premiers rangs.

Au troisième commandement, les Dragons feront *haut les armes.*

Au quatrième, la file droite de la troupe qu'on exerce, commencera à tirer, & successivement jusqu'à la gauche. Ce feu une fois établi, les Dragons de chaque file chargeront promptement, & tireront sans s'attendre, ni se régler les uns sur les autres, ayant soin de bien ajuster.

On fera cesser le feu au signal des Trompettes qui sonneront des appels.

Les Dragons seront aussi exercés à tirer à la cible.

Inspection des Armes.

Faire un tiers d'à-droite sur le talon gauche, portant le pied droit vis-à-vis le cou-de-pied gauche, à trois pouces de

diſtance, ſaiſir l'arme de la main gauche, à hauteur du premier
bouton de la veſte, incliner le bout du canon en arrière, le
talon de la croſſe ne bougeant point; la baguette tournée
vers le corps, la main droite à la baïonnette, en la ſaiſiſſant
par la douille & la branche, de manière que l'extrémité
de la douille dépaſſe d'un pouce le talon de la main, &
qu'en la tirant, le pouce s'alonge ſur la lame; l'arracher
du fourreau, la porter & la placer au bout du canon;
ſaiſir auſſitôt la baguette entre le pouce & le premier doigt,
& la tirer, comme il eſt expliqué à la charge en douze
temps; la laiſſer gliſſer dans le canon; & faire face en
tête auſſitôt pour reprendre la même poſition.

Alors chaque Officier inſpectera ſucceſſivement l'arme
du Dragon devant lequel il paſſera : celui-ci la fera paſſer
vivement de la main droite dans la main gauche, la platine
en dehors, la main gauche placée entre la capucine & le petit
reſſort de la batterie, vis-à-vis l'épaule gauche, à hauteur
de la bouche; l'Officier la prendra & la lui rendra après
l'avoir examinée. Le Dragon la replacera à la poſition de ſe
repoſer ſur les armes, & dès que l'Officier l'aura dépaſſé,
il remettra de lui-même la baguette, en prenant la poſition preſcrite au commandement, *inſpection des armes*,
après quoi, il ſe remettra face en tête.

Si on veut ſeulement faire mettre la baïonnette au
canon, on commandera :

BAIONNETTE AU CANON.

Un temps & un mouvement.

Mettre la baïonnette au bout du canon, & auſſitôt
faire face en tête.

Si la baïonnette étant au canon, on veut faire mettre
la baguette dans le canon, pour faire l'inſpection des
armes, après avoir tiré, on commandera :

BAGUETTE DANS LE CANON.

Un temps & un mouvement.

Mettre la baguette dans le canon, faire face en tête,
& la remettre auſſitôt que l'arme aura été examinée par
l'Officier qui, ſans la reprendre, fera ſimplement rebondir

la

la baguette dans le canon, en la faififfant par le petit bout.

L'arme étant au bras droit, lorfqu'on voudra faire mettre la baïonnette, on commandera :

BAÏONNETTE AU CANON.

Un temps & trois mouvemens.

PREMIER, fe repofer fur les armes, d'après les mêmes principes qui ont été indiqués pour la Cavalerie.

SECOND, mettre la baïonnette au bout du canon, de la manière prefcrite pour l'infpection des armes.

TROISIÈME, faire face en tête & porter les armes, ainfi qu'il a été expliqué pour la Cavalerie.

PRÉSENTEZ LA BAÏONNETTE.

Un temps & deux mouvemens.

PREMIER, comme au premier mouvement de la charge.

SECOND, comme au fecond mouvement excepté de détacher le coude gauche, & d'abattre l'arme dans le pli du bras gauche.

PORTEZ VOS ARMES.

Un temps & un mouvement.

Porter l'arme vivement, comme après avoir fait feu, lorfqu'on ne veut plus charger les armes.

REMETTEZ LA BAÏONNETTE.

Un temps & trois mouvemens.

PREMIER, fe repofer fur les armes.

SECOND, comme le fecond mouvement de mettre la baïonnette au canon, excepté que la main droite faifira la baïonnette, l'ôtera & la remettra dans le fourreau, la main reftant près de la douille.

TROISIÈME, comme le troifième mouvement de baïonnette au canon.

ARTICLE 2.

De l'Instruction à cheval.

Inspection des Armes.

Un temps & deux mouvemens.

PREMIER, passer le bras droit par-dessous le canon, déboucler la courroie du porte-canon, & saisir ensuite avec la main droite, le fusil au-dessous & contre la capucine, le pousser en avant, & le tenir perpendiculaire sur le porte-crosse.

SECOND, élever le fusil pour porter la crosse sur la cuisse, le bout haut & en avant au-dessus de l'oreille droite du cheval, le pouce sur le canon, la sougarde en avant.

Passer l'arme à gauche.

En deux mouvemens.

PREMIER, passer la crosse à gauche entre les rênes & le corps, la platine en dessus, coulant la main gauche jusqu'à l'anneau de la grenadière, sans quitter les rênes.

SECOND, placer la crosse vers la pointe de l'épaule du cheval, saisir de la main droite le fusil, à un doigt du bout du canon, & dégager la baguette ; tirer la baguette, la mettre dans le canon, & la remettre en son lieu, comme il est prescrit à l'inspection à pied.

À mesure que l'Officier aura fait l'inspection du fusil d'un Dragon, celui-ci fera *haut les armes*, en un temps & deux mouvemens, comme la Cavalerie.

Remettre l'arme en son lieu.

Baisser la crosse en la portant un peu en avant, l'engager dans le porte-croche, la contenant par la grenadière avec la main gauche, sans quitter les rênes, & soutenant l'arme sur le bras droit, prendre de la main droite la courroie du porte-canon qu'on bouclera pour y engager l'arme & la grenadière, après quoi on repassera le bras droit par-dessus le fusil.

L'infpection des piftolets & du fabre, comme la
Cavalerie.

Charger les Armes en décompofant tous les mouvemens.

Garde à vous, = *HAUT LES ARMES.*

Comme à l'infpection à cheval.

CHARGEZ = *VOS ARMES.*

Douze mouvemens.

PREMIER, comme la Cavalerie, excepté que la main gauche faifira le fufil à la capucine.

SECOND, 3.ᵉ, 4.ᵉ, 5.ᵉ & 6.ᵉ, comme la Cavalerie.
SEPTIÈME, comme à l'infpection à cheval.
HUITIÈME, 9.ᵉ, 10.ᵉ, 11.ᵉ, comme la Cavalerie.
DOUZIÈME, comme à l'infpection à cheval.

L'ARME EN SON LIEU.

· Comme à l'infpection à cheval.

Le refte du maniement des armes, comme la Cavalerie.

Lorfque les Dragons feront parvenus à la feptième leçon de *l'article 2 du Titre II*, & qu'ils fauront exécuter le maniement des armes, on leur enfeignera à mettre pied à terre pour combattre, ainfi qu'il fuit.

Mettre pied à terre pour combattre.

Garde à vous.

Pour combattre à pied.

I.

HAUT LES ARMES.

2.

ARMES À LA GRENADIÈRE.

Le premier commandement, comme à l'infpection à cheval.

Le fecond s'exécutera en un temps & deux mouvemens.

PREMIER. Tenant le fufil à la capucine , l'élever en travers, au-deſſus de la tête, la platine en deſſus, & le bout un peu haut, paſſer tout de fuite la tête & le bras droit entre la grenadière & le fufil qu'on laiſſera tomber à droite, la main droite fe plaçant ſur la croſſe.

SECOND. Pouſſer la croſſe en arrière, & placer la main fur la cuiſſe.

On commandera enfuite :

1.

Préparez-vous pour mettre pied à terre.

À ce commandement, les deux Dragons du centre de chaque rang du peloton reſteront à cheval, & tous les autres mettront pied à terre, ainſi qu'il eſt preſcrit dans l'École du Cavalier.

2.

Reprenez vos rangs.

Tous les Dragons reprendront leurs rangs & attacheront leurs chevaux par les rênes de la bride au montant de la têtière du cheval qui fera vers le centre du peloton, faifant le nœud de façon que la bride embraſſe la muferolle & le montant de la têtière ; le bout des rênes paſſé dans la boucle du nœud , & le cheval attaché environ à un pied de longueur.

Les Dragons du centre du peloton qui feront reſtés à cheval, prendront les rênes du cheval de leur voifin qui aura mis pied à terre; celui de la droite conduira les chevaux de la droite, & celui de la gauche conduira ceux de la gauche. Ils croiferont leurs rênes dans la main dont ils mèneront leurs chevaux, & prendront, de la même main, le bout des rênes du cheval de main, les foutenant de l'autre main, près du mors, les ongles en deſſus ; les Dragons ayant attaché leurs chevaux, fe porteront à un pas en avant du rang, tournant le dos

à leurs

à leurs chevaux ; ils ôteront le fufil de la grenadière & porteront leurs armes.

3.

Dragons = *EN BATAILLE.*

Les Dragons du premier rang marcheront en avant pour fe former fur le terrain qui leur fera indiqué ; & ceux du fecond rang, paffant avec la plus grande légèreté par les ailes du peloton, iront fe former derrière eux.

Ceux de la droite défileront par l'aile droite, & ceux de la gauche par l'aile gauche.

Le peloton étant formé, un Inftructeur fe placera à la tête & l'autre en ferre-file.

On fera mettre la baïonnette au bout du canon, marcher quelques pas en avant, & exécuter le feu de files.

On fera faire enfuite demi-tour à droite, & la troupe étant arrivée à quinze pas des chevaux, on commandera :

Dragons = *À CHEVAL.*

A ce commandement, le fecond rang, qui fera alors le premier, ira rejoindre fes chevaux par le même côté où il aura paffé pour fe mettre en bataille, & le premier rang qui fera le fecond, continuera de marcher devant lui ; tous les Dragons remettant la baïonnette, & paffant le fufil à la grenadière en marchant, lorfqu'ils feront arrivés à leur chevaux, ils les détacheront & monteront à cheval avec la plus grande célérité, & reprendront leurs rangs.

On commandera enfuite :

HAUT LES ARMES.

Un temps & deux mouvemens.

PREMIER. Porter la main droite fur la croffe, l'attirer en avant, pour paffer tout de fuite le bras droit entre le corps & le fufil qu'on faifira par-deffous, à la capucine.

SECOND. Le paffer en travers par-deffus la tête, & porter la croffe fur la cuiffe, le bout du fufil haut & en avant.

On remettra l'arme en fon lieu, comme à l'infpeƈion à cheval.

Obfervations.

Lorfqu'on fera exécuter ce mouvement à la totalité d'un efcadron, la troupe de réferve fera employée à la garde des chevaux.

A l'avertiffement *garde à vous pour combattre à pied*, les Dragons mettront d'eux-mêmes le fufil à la grenadière.

Les Dragons du centre de chaque peloton, refteront à cheval; ceux du fecond rang qui auront mis pied à terre, défileront par la droite & par la gauche de l'efcadron.

Les Officiers & bas Officiers fe placeront à pied, comme il a été indiqué au *Titre de la formation*.

Le feu de file commencera par la droite de chaque peloton, & continuera de même.

Si la totalité d'un régiment de Dragons étoit dans le cas de mettre pied à terre pour combattre, il fe conformeroit à ce qui vient d'être prefcrit pour un efcadron; fuppofé qu'il fût obligé de fe retirer en rejoignant fes chevaux, il feroit protégé par les troupes de réferve, qui, étant reftées à cheval, avanceroient pour charger les ennemis. Le Commandant détacheroit, s'il le jugeoit néceffaire, un efcadron ou deux, pour aller légèrement rejoindre fes chevaux, & revenir enfuite fecourir le refte du régiment.

Lorfqu'un régiment ou un corps de Dragons, à cheval, fe trouvera obligé de faire des mouvemens rétrogrades, & qu'il aura un pont, un bois ou autre défilé à paffer, le Commandant détachera, d'avance, un nombre fuffifant de Dragons pour aller légèrement mettre pied à terre, & s'emparer du défilé.

TITRE VII.

Règlement concernant l'Inſtruction.

ARTICLE PREMIER.

Du nombre, du choix & des devoirs des Inſtructeurs.

LE Colonel ſera reſponſable de l'inſtruction du régiment, il y emploîra en conſéquence les Officiers qu'il y croira les plus propres.

Les Chefs d'eſcadron feront de même reſponſables de l'inſtruction des Officiers, bas Officiers & Cavaliers de leur eſcadron; par conſéquent, ils préſenteront, chacun dans le leur, les ſujets qu'ils croiront les plus ſuſceptibles de faire de bons Inſtructeurs.

Il ſera déſigné un Capitaine pour être chargé en chef de l'inſtruction à cheval; il aura ſous ſes ordres, par eſcadron, un Lieutenant ou Sous-lieutenant & un Maréchal-des-logis; on aura attention que l'Officier & le Maréchal-des-logis-inſtructeurs de l'eſcadron, ne ſoient pas de la même compagnie, autant que cela ſe pourra.

Un des Officiers employés ſous l'Inſtructeur en chef, ſera déſigné pour le remplacer, en cas d'abſence ou de maladie. Outre ces Officiers & bas Officiers, il y aura, dans chaque diviſion, deux Maréchaux-des-logis ou Brigadiers attachés à l'Inſtructeur à cheval, & deux Cavaliers de remplacement qui feront chargés de les ſuppléer & de les aider dans leurs fonctions.

Il y aura auſſi un Officier choiſi ſur la totalité du régiment, pour être chargé en chef de l'inſtruction des recrues à pied, & un Maréchal-des-logis pour le remplacer, indépendamment d'un Maréchal-des-logs par eſcadron, & d'un Brigadier par diviſion, qui feront employés ſous leurs ordres.

Les Officiers, bas Officiers & Cavaliers défignés par les Chefs d'efcadron, pour être Inftructeurs à cheval, feront entièrement aux ordres de l'Inftructeur en chef, qui les attachera, chacun fuivant leur talent, aux détails auxquels il les croira propres; il s'occupera de les inftruire théoriquement & par pratique ; & lorfqu'il n'en fera pas content, il prendra les ordres du Commandant du régiment pour qu'il en foit choifi d'autres.

L'Officier chargé en chef de l'inftruction des recrues, à pied, aura la même autorité fur les bas Officiers qui doivent l'aider dans fes fonctions.

Tous les hommes ne réuniffant pas, au même degré, l'intelligence, la douceur & la patience néceffaires pour en inftruire d'autres, il eft donc effentiel que les Chefs d'efcadron choififfent, avec le plus grand foin, les Officiers, bas Officiers & Cavaliers qu'ils deftinent à ce travail important.

On n'affemblera jamais une claffe de recrues, pour travailler à pied ou à cheval, qu'elle ne foit formée & infpectée par un des Officiers ou bas Officiers-inftructeurs. Les Cavaliers qui compoferont cette claffe, doivent être conduits à l'endroit où elle fe réunit, par un Brigadier-inftructeur, ou Cavalier de remplacement de leur efcadron, qui examinera s'ils font tenus de tout point, comme ils doivent l'être.

Les Officiers & bas Officiers-inftructeurs, doivent de même, après avoir réuni les Cavaliers de leur claffe, les conduire au rendez-vous général indiqué pour l'inftruction à pied ou à cheval.

L'Inftructeur en chef préfidera toujours lui-même au travail des Officiers, à celui de la première claffe des jeunes chevaux & des Inftructeurs.

Il ne permettra jamais qu'on faffe paffer un Officier, bas Officier ou Cavalier d'une claffe à l'autre, fans qu'il ne l'ait examiné lui-même.

Il aura

Il aura un état général de la répartition du régiment dans les différentes claffes.

Chaque Officier chargé de l'inftruction d'un efcadron, en aura un femblable des Officiers, bas Officiers & Cavaliers de fon efcadron; & chaque Inftructeur aura l'état de la claffe à laquelle il fera attaché.

Le tableau général de toutes ces répartitions fera remis, le 1.er de chaque mois, au Commandant du régiment, par l'Inftructeur en chef, qui lui rendra compte enfuite des mutations qui y furviendront.

L'Officier chargé de l'Inftruction à cheval de chaque efcadron, remettra de même, le 1.er de chaque mois, un tableau des claffes de fon efcadron, à l'Officier qui le commande, & lui rendra compte journellement des mutations.

La même forme qui vient d'être prefcrite pour le travail à cheval, aura lieu, dans tous fes détails, pour le travail à pied.

ARTICLE 2.

Ordre de progreffion du Travail du Régiment.

LE travail de l'été finira, toutes les années, au 1.er Novembre. À cette époque, on laiffera repofer les hommes pendant quinze jours, & l'on fera fortir les chevaux trois fois par femaine une heure feulement, pour les promener, en couverte & en bridon.

L'Inftructeur en chef réunira, pendant ces quinze jours, les Officiers, bas Officiers & Cavaliers employés à l'inftruction à cheval, pour les examiner fur la théorie de l'inftruction à cheval, de même que fur les notions générales relatives à la connoiffance de l'âge du cheval, de fes tares extérieures & de la ferrure.

Travail de l'Hiver.

Travail à pied.

Depuis le 15 Novembre, jufqu'au 1.er Avril, on

n'exercera à pied, que les Cavaliers de recrues de l'année, ou ceux de l'année précédente qui n'auroient pas encore été en état de passer à l'École de l'escadron à pied.

La totalité des hommes qui doivent travailler à pied, sera partagée en trois classes. La première classe sera exercée aux devoirs des sentinelles, ainsi qu'aux troisième & quatrième leçons de l'*art. 1.*^{er} *de l'École du Cavalier.* La seconde classe sera exercée à la troisième leçon seulement, & la troisième classe aux deux premières leçons. La première classe travaillera deux fois par semaine, & les deux autres classes tous les jours.

Les Cavaliers qui auront commis des fautes, étant sous les armes, qui feront consignés & à la salle de discipline, feront l'exercice à pied avec la première classe des recrues.

Au 1.er d'Avril, on fera passer les Cavaliers-semestriers par les examens de chaque école, & ainsi progressivement, jusqu'à ce qu'on soit assuré de leur instruction pour les faire entrer à l'escadron.

Quant à l'instruction, elle aura lieu toute l'année, de la même manière que dans l'hiver.

Le Commandant du régiment indiquera un rendez-vous général pour le travail à pied des recrues. L'Officier chargé d'y présider, y sera toujours présent, à moins qu'il ne soit malade, absent ou employé ailleurs pour le service, auquel cas il sera remplacé par le Maréchal-des-logis désigné à cet effet.

On ne perdera jamais de vue que le travail à pied n'étant que l'objet secondaire dans l'instruction des Troupes à cheval, ne doit pas être trop prolongé.

Depuis le 15 Novembre jusqu'au 1.er Mai, les Commandans d'escadron réuniront, une fois par semaine, & plus souvent, si cela ne suffit pas, les Officiers & bas Officiers de leur escadron, pour les examiner sur les différentes théories, & sur tous les objets relatifs à leur instruction.

Le Commandant du régiment fera faire la théorie prescrite ci-dessus chez lui, ou devant lui, par les Chefs d'escadron, une fois par mois, & même plus souvent, s'il le juge nécessaire.

Travail à Cheval.

On commencera le travail d'hiver le 15 de Novembre, & le régiment sera divisé en trois classes.

La première classe sera composée des bas Officiers, Brigadiers & Cavaliers les plus instruits & les mieux à cheval. La seconde, de ceux qui, étant moins forts que les premiers, ont besoin de rectifier leur position. La troisième, des Cavaliers les moins instruits.

Les Cavaliers de la première classe ne travailleront point au manége pendant les mois de Novembre, Décembre & Janvier ; ils promèneront seulement les chevaux qui n'auront pas travaillé aux différentes classes.

Pendant le temps que la première classe ne travaillera pas au manége, on occupera les Cavaliers à monter & démonter toutes les parties de leur armement & équipement, à seller, brider & paqueter leurs chevaux avec la plus grande célérité. On leur fera souvent la théorie des devoirs des sentinelles. On les instruira sur la manière dont ils doivent se conduire étant en patrouille, en vedette & en tirailleurs.

Les Cavaliers de la seconde classe travailleront au manége deux fois la semaine ; ils feront remis, jusqu'au 1.er Janvier, à la troisième leçon de *l'article II de l'école du Cavalier*. A cette époque, on les fera passer à la quatrième leçon, & ils y feront exercés jusqu'au 1.er Février.

Les Cavaliers de la troisième classe travailleront quatre fois par semaine ; il est essentiel, pour les fortifier dans leurs principes, de les remettre à la première leçon de *l'article II de l'école du Cavalier* ; on ne les y laissera que huit jours, & à peu-près quinze à la seconde. On les mettra enfuite à la troifième jufqu'au 1.er Janvier. A cette époque, ils commenceront le travail de la quatrième leçon. Alors ils ne monteront plus à cheval que deux fois par femaine, & on les réunira à la feconde claffe. Ceux qui ne feront pas jugés affez forts pour y paffer, continueront de former la troifième claffe avec les recrues qui fe feront mis en état d'y arriver.

Les recrues monteront tous les jours à cheval.

Tous les Officiers, excepté le Commandant du régiment & les Chefs d'efcadron, monteront enfemble au manége trois fois par femaine, fur leurs chevaux, jufqu'à ce que le travail de la première claffe recommence.

Ceux qui auront befoin de fe fortifier à cheval, feront répartis dans les différentes claffes dés Cavaliers, ils n'en feront pas moins aftreints à travailler avec les autres, les jours où ils fe réuniront.

On raffemblera, une fois par femaine, les Inftructeurs, pour leur donner la leçon du galop & celle de la courfe des têtes.

On s'arrangera pour que les chevaux ne travaillent chacun que deux ou trois fois par femaine. Les plus vieux, deftinés à la réforme, feront donnés aux recrues, & par conféquent, fortiront tous les jours. On permettra auffi aux Officiers qui travailleront plus de trois fois par femaine, ou dont les chevaux pourroient être malades, d'en monter quelques-uns de leur compagnie, & le Commandant de l'efcadron les défignera.

Les chevaux qui n'auront pas cinq ans faits, feront promenés en couverte & en bridon.

Ceux qui auront cinq ans & au-delà, travailleront trois fois par femaine, & feront montés par les Inftructeurs, ou par des bas Officiers & Cavaliers choifis à cet effet.

Les chevaux qui ne font point dans le rang, tels que ceux des Trompettes, des Adjudans, des Maréchaux-

des-logis,

des-logis, pourront être désignés pour le travail du galop & la courfe des têtes, cette leçon afféyant beaucoup les chevaux; il feroit dangereux de les y employer tous indiftinctement, attendu que l'égalité des allures pourroit en fouffrir.

Au 1.er Février, la première claffe commencera à travailler au manége, deux fois par femaine, elle fera remife pendant quinze jours à la troifième leçon de *l'article 2 de l'école du Cavalier,* & pendant le refte du mois, à la quatrième; au 1.er Mars, elle fera exercée à la cinquième leçon, & vers le 20, à la fixième

Auffitôt que le travail de la première claffe recommencera, ceux des Officiers qui feront inftruits, monteront à cheval avec leur compagnie, & cefferont d'aller au manége féparement.

Au 1.er Février les deuxième & troifième claffes feront mifes à la cinquième leçon; au 1.er Mars, à la fixième; & au 1.er Avril, à la feptième.

Le 1.er Avril, on réunira les bas Officiers, Brigadiers & Cavaliers femeftriers, on les exercera tous les jours à cheval, en commençant par le travail de la troifième leçon, & fuivant progreffivement, de manière que vers le 20, ils puiffent être remis à la feptième leçon.

Les Cavaliers feront exercés au cinq premières leçons dans les manéges couverts, lorfqu'il fera mauvais temps. Toutes les fois que le temps le permettra, on les conduira dans la carrière ou manége découvert. Quant à la fixième leçon, & fur-tout à la feptième, on évitera, autant qu'on le pourra, de les donner dans le manége couvert, & lorfqu'on y fera contraint, on ne fera pas galoper.

La durée des leçons fera d'une heure au plus, afin de ne pas effoufler les chevaux, ni fatiguer les hommes.

Dans les temps froids, on ne mettra pas d'intervalle entre les reprifes, afin d'éviter les maladies. On s'arrangera alors pour ne faire venir au manége que le nombre des Cavaliers qui pourront y travailler à la fois.

Le Commandant du régiment affiſtera aux leçons du manége, auſſi ſouvent que ſes autres devoirs le lui permettront; il s'arrangera de manière à pouvoir toujours être préſent au travail de la première claſſe.

Travail de l'été.

Travail à pied.

Au 1.ᵉʳ de Mai, on commencera à réunir les eſcadrons à pied, on les exercera, deux fois par ſemaine, au travail de l'eſcadron à pied, & l'on continuera de même juſqu'au 1.ᵉʳ Juillet. Les Officiers, bas Officiers & Cavaliers qui ſe négligeront dans cette inſtruction, ſeront renvoyés & exercés à la première claſſe des recrues à pied, ainſi que les Cavaliers conſignés, & ceux qui ſeront à la ſalle de diſcipline.

Du 1.ᵉʳ Juillet au 1.ᵉʳ Octobre, on n'exercera le régiment à pied, que tous les quinze jours au plus, & à cette dernière époque, le travail à pied finira.

Travail à cheval.

Le 1.ᵉʳ Mai, on réunira les Cavaliers les plus inſtruits des claſſes à cheval, ainſi que les ſemeſtriers, & on formera, les eſcadrons, dans leſquels on fera entrer les jeunes chevaux qui auront été dreſſés dans l'hiver.

Dans les premiers jours de Mai, on exercera les eſcadrons ſucceſſivement par pelotons à la ſeptième leçon de *l'article 2 de l'École du Cavalier.* On commencera enſuite le travail preſcrit par *les deux premiers articles de l'École de l'eſcadron;* on le continuera, autant qu'il ſera néceſſaire, pour le faire bien comprendre aux Cavaliers, ce qui pourra durer environ juſque vers le 15 de Mai.

Depuis le 1.ᵉʳ Mai juſqu'à cette époque, on réunira les Officiers & bas Officiers, deux fois par ſemaine, pour leur faire exécuter, à cheval, tous les autres articles de l'École de l'eſcadron.

On les raffemblera de même, une fois par femaine, à pied, pour leur faire repaffer tout ce qui eft relatif à l'inftruction à pied.

Vers le 15 de Mai, on fera commencer aux efca-drons, le travail du *troifième & du quatrième articles du Titre III.* Ces articles étant la bafe de toutes les évolutions, on doit s'y arrêter affez long-temps pour les faire concevoir parfaitement à tous les Cavaliers: on le continuera jufqu'au 1.er de Juin; à cette époque, on exercera aux *articles 5 & 6 du Titre III,* dont le travail durera jufqu'au 8 de Juin. On obfervera de répéter toujours les détails qu'on aura enfeignés précé-demment, & de ne jamais paffer d'un objet à un autre, fans être affuré de fon exécution.

Pendant la durée des marches militaires, indiquées dans *l'article I.er de l'École de l'efcadron à cheval,* on pourra faire fortir les quatre efcadrons à la fois; mais depuis qu'elles feront terminées, jufqu'au 8 de Juin, les efcadrons viendront fucceffivement fur le terrain d'exercice, afin que l'Officier fupérieur qui furveillera le travail, puiffe répondre de fon uniformité.

On s'arrangera de manière que chaque efcadron puiffe travailler deux heures, non compris le temps néceffaire pour fe rendre fur le terrain & pour revenir au quartier.

Du 8 au 20 de Juin, on exercera les efcadrons au travail de *l'article 7 du Titre III;* on fera alors fortir, à cet effet, deux efcadrons à la fois. Les efcadrons feront, en tout, trois heures dehors; la dernière demi-heure du travail fera employée à les faire marcher enfemble en bataille & en colonne, avec les gradations indiquées dans les *différens titres de la préfente Ordonnance.*

Depuis le 20 Juin jufqu'au 1.er Juillet, on exercera les efcadrons aux *articles 8 & 9 du Titre III.* On fera fortir alors les quatre efcadrons à la fois, & l'on em-ploîra les dernières heures du travail à les faire marcher enfemble en colonne & en bataille aux différentes allures.

Du 1.ᵉʳ Mai au 1.ᵉʳ Juillet, les escadrons sortiront régulièrement trois fois par semaine à cheval.

Pendant le même temps, les Cavaliers qui auront encore besoin de se fortifier dans leur instruction à cheval, & qui ne sont pas dans le cas d'entrer dans l'escadron qu'en remplacement, seront réunis, trois fois par semaine, pour former un peloton particulier que l'on exercera successivement aux *six premiers articles de l'École de l'escadron*; on y renverra ceux de l'escadron qui commettront des fautes à la manœuvre.

Tous les Officiers semestriers seront exercés avec ce peloton, à leur retour, avant de rentrer à leur escadron, ainsi que ceux qui se négligeroient assez pour avoir besoin d'être remis aux principes. Le peloton sera commandé par l'Instructeur en chef sous les yeux d'un Officier supérieur ou du plus ancien Chef d'escadron présent au Corps.

Il sera exercé le matin, les jours où le régiment ne montera pas à cheval, ou bien l'après-midi, lorsque les matinées seront prises pour le travail des escadrons. Ce peloton d'instruction continuera pendant tout le reste de l'été. On y emploîra les chevaux qui seront destinés à la réforme.

Lorsqu'on commencera le travail de ce peloton d'instruction, celui des recrues à cheval finira, & restera suspendu jusqu'au moment où on cessera de former un peloton d'instruction à cheval.

Du 15 de Juin au 1.ᵉʳ Juillet, on réunira les Officiers, bas Officiers & les encadremens des pelotons, tant du premier que du second rang, pour leur faire exécuter tout ce qui est contenu dans *le Titre des évolutions*.

On mettra ces files d'encadrement en bataille, laissant entr'elles l'espace nécessaire pour y placer les Cavaliers de leurs pelotons. Les Officiers seront à leur place de bataille, & on fera exécuter de cette manière tous les

mouvemens,

mouvemens, à l'exception cependant de ceux pour lefquels on emploie la marche de flanc.

C'eft principalement pour l'exactitude de la marche
en bataille, que cette théorie des évolutions fera utile ;
on fera mefurer , avant de partir du fond du terrain,
l'intervalle qui doit fe trouver entre les Capitaines qui
marchent à la tête des efcadrons ; & lorfqu'on aura marché
long-temps à toute forte d'allures , on le fera mefurer
de nouveau, pour pouvoir juger fi ces Officiers l'ont
exactement confervé, & on parviendra, de cette manière,
à leur former le coup-d'œil.

Il fera néceffaire, afin de ne rien déranger à l'habitude
que doivent avoir les bas Officiers, Brigadiers & Appointés, de conferver les têtes directes, de ne point les laiffer
regarder du côté de l'alignement, pour maintenir leur
intervalle ; ils y parviendront avec facilité, en fuivant
exactement tous les mouvemens des Sous-lieutenans &
du Capitaine qui marchent devant le front de l'efcadron,
ainfi que celui des Lieutenans des ailes.

Cette méthode peut auffi être employée utilement
pour habituer les Officiers & les guides des colonnes à
conferver bien exactement leur diftance, & la direction
de leurs chefs-de-file.

Le 1.er Juillet, on réunira les efcadrons pour les
exercer à cheval, trois fois par femaine , à tout ce qui
eft compris dans le *Titre des évolutions :* cela continuera
jufqu'au 1.er Septembre.

Du 1.er Septembre au 15 Octobre, on exercera le
régiment à cheval, deux fois par femaine, à tous les
objets relatifs à la guerre, conformément aux inftructions
qui feront annexées à *l'Ordonnance du fervice des
Troupes à cheval en campagne ;* & pendant le même
temps, on fera fortir le régiment, une fois par femaine,
pour l'exercer d'abord, pendant une heure , aux détails
les plus importans de l'École de l'efcadron , &, pendant

Cavalerie.   R r r

une autre heure, aux évolutions, particulièrement à la marche en bataille, & à la marche en colonne.

Le 15 Octobre, le peloton d'inftruction à cheval ceffera; on recommencera alors le travail des recrues.

Les chevaux qui n'auront point encore atteint l'âge de cinq ans, feront promenés, tout l'été, en bridon & en couverte, trois fois par femaine, pendant l'efpace de deux heures.

Ceux qui feroient en état d'être montés, feront exercés féparément, deux fois par femaine, par les Inftructeurs & les Cavaliers inftruits deftinés à les remplacer.

Ces mêmes bas Officiers & Cavaliers feront exercés, depuis le 1.ᵉʳ Mai jufqu'au 1.ᵉʳ Septembre, une fois par mois, à la leçon du galop & à la courfe des têtes.

ARTICLE 3.

Gradation de l'inftruction des Recrues.

Les Cavaliers de recrue, à leur arrivée au régiment, feront inftruits à tous les détails de difcipline, police, fervice intérieur, tant à pied qu'aux écuries, conformément à ce qui fera prefcrit par l'Ordonnance relative à ces différentes parties.

A l'égard de leur inftruction, on la commencera à pied, ainfi qu'il eft détaillé à *l'article I.ᵉʳ du Titre II de la préfente Ordonnance;* mais elle ne fera commencée que lorfque le Cavalier de recrue fera inftruit de ce qui eft relatif à fa tenue & au panfage du cheval.

Les recrues doivent être exercées à pied, autant qu'il fe pourra, tous les jours, pendant une heure. Les Inftructeurs ne doivent les faire paffer d'une leçon à l'autre, que quand ils feront parfaitement fûrs que les précédentes ont été bien entendues; mais fi elles font données avec intelligence, les hommes doivent, à peu-près, au bout de fix femaines, être en état de paffer à la première claffe.

On commencera alors à leur enseigner les devoirs des sentinelles, de manière qu'au bout de deux mois, ils puissent monter la garde.

Lorsqu'on les jugera assez instruits pour cela, on les présentera à l'Officier chargé en chef de l'instruction à pied des recrues, qui décidera s'ils peuvent effectivement commencer leurs services. Ils continueront à être exercés, trois fois par semaine, à pied, avec la première classe des recrues ; & lorsque ce même Officier les jugera parfaitement dressés, ils entreront dans l'escadron, & ne seront exercés à pied, que quand il prendra les armes.

Lorsque les recrues seront jugées en état de passer à la première classe à pied, on commencera leur instruction à cheval, conformément à ce qui est prescrit à *l'article 2 du Titre II.*

On les exercera, environ pendant huit jours, à la première leçon ; pendant quinze jours, à la seconde ; pendant trois semaines, à la troisième ; pendant un mois, à la quatrième ; pendant autant de temps, à la cinquième ; & environ encore, autant à la sixième ; enfin, pendant quinze jours à la septième ; en sorte que la durée totale de leur instruction à cheval, soit d'environ cinq mois.

Les époques qui viennent d'être fixées pour passer d'une leçon à l'autre, doivent, au surplus, être plus ou moins rapprochées, suivant l'intelligence, les dispositions & les progrès des Cavaliers de recrue ; on aura aussi égard aux circonstances & au temps que l'on pourra employer à leur instruction, qu'il est important de pousser le plus vivement qu'il se pourra, afin que l'École, pendant la paix, se rapproche, autant qu'il sera possible, de ce qu'elle doit être pendant la guerre.

A R T I C L E 4.

Gradation de l'instruction des bas Officiers.

LES bas Officiers doivent être instruits des principes de l'Équitation, & savoir exécuter, à pied & à cheval, tout ce qui a rapport à l'exercice preſcrit par *la préſente Ordonnance* , afin d'être en état de conduire leurs troupes dans tous les cas.

Les bas Officiers feront perfectionnés & entretenus dans leur inſtruction, au moyen des Écoles de théorie preſcrites ci-après.

Les Cavaliers de remplacement employés à l'inſtruction à cheval, feront admis à ces Écoles.

Théorie des bas Officiers.

La théorie des bas Officiers embraſſera l'article premier de l'École du Cavalier; l'article ſecond de la même École, la connoiſſance & la décompoſition de toutes les parties de l'armement & de l'équipement; la démonſtration de la manière de ſeller, de brider, de paqueter : les principes de l'École de l'eſcadron, & la partie de l'inſtruction relative à la guerre , qui concerne les bas Officiers & Cavaliers.

La théorie des Brigadiers ſera reſtreinte aux détails & aux parties d'inſtruction qui les concernent.

Tous les bas Officiers & Brigadiers qui ſe feront abſentés, ou qui auront été malades plus d'un mois, ne pourront reprendre leurs fonctions, qu'après avoir paſſé au peloton d'inſtruction à cheval & à pied. Ils y reſteront auſſi long-temps que le Chef de leur eſcadron le jugera néceſſaire.

ARTICLE 5.

Gradation de l'inſtruction des Officiers.

Tous les Officiers, depuis le Colonel juſqu'au Porte-étendard, feront inſtruits de ce qui eſt relatif à la préſente Ordonnance, en ce qui concerne chacun d'eux dans ſon grade.

L'inſtruction élémentaire desOfficiers,influant, pendant toute la carrière militaire, ſur la manière dont ils rempliſſent leur devoir, les Chefs de régiment apporteront,

aux

aux examens qui y ont rapport, la plus févère exactitude, & ne fe laifferont jamais aller à la moindre indulgence.

Lorfqu'un Officier joindra, pour la première fois, le régiment, il fera aftreint à paffer par les différens grades, ainfi que par l'École affectée à chacun d'eux.

Il ne pourra être reçu au grade de Brigadier, que quand il aura été admis à l'efcadron à pied & à cheval, qu'il aura fait le fervice de Cavalier, fous tous les rapports, à l'exception de panfer les chevaux & de faire les corvées, & qu'il fera en état de remplir les fonctions de Brigadier, ce qui fera conftaté par l'examen prefcrit.

Parvenu au grade de Brigadier, il en fera toutes les fonctions dans la compagnie à laquelle il eft attaché, & fera employé, dans ce grade, à l'inftruction des recrues à pied.

Avant de pouvoir prétendre au grade de Maréchal-des-logis, il faudra qu'il foit affez inftruit pour être mis au rang des Inftructeurs, & qu'il ait fubi, en confé-quence, l'examen de la théorie qni leur eft relative.

Lorfqu'il fera devenu Maréchal-des-logis, il en fera le fervice & les fonctions. Il s'inftruira des détails de la place de Maréchal-des-logis en chef, & il fera employé à dreffer des recrues à pied & à cheval.

Lorfqu'enfin le Commandant de l'efcadron auquel il eft attaché, le jugera en état d'être reçu Officier, il en rendra compte au Commandant du régiment, qui l'exa-minera lui-même, ou le fera examiner devant lui, par ce même Chef d'efcadron, fur tous les objets qui viennent d'être détaillés, & en outre fur le *Titre IV, des Évolutions,* fur les devoirs des Sous-lieutenans, & fur la partie de l'inftruction relative à la guerre, qui concerne les Officiers.

Aucun Officier ne pourra s'abfenter par femeſtre ou congé, qu'il n'ait été reçu & admis, dans ce grade, à l'efcadron.

Tous les Officiers qui fe feront abfentés par femeſtre, ou par permiſſion de plus d'un mois, ne pourront reprendre leurs fonctions, qu'après avoir paſſé au peloton d'inſtruction à cheval & à pied, & après avoir été examinés par le Commandant de leur efcadron, fur tous les objets relatifs à leur inſtruction. Ce fera auſſi le Chef d'efcadron qui déterminera la durée du temps pendant lequel ces Officiers devront reſter au peloton d'inſtruction.

Quand un Officier d'un efcadron ne fera pas en état de remplir parfaitement les devoirs de fon grade à la manœuvre, le Chef d'efcadron les fera remplir par un autre, & lui aſſignera la place & les fonctions d'un grade inférieur au fien, en rendant compte toutefois au Commandant du régiment des motifs qui l'y auront déterminé.

Enfin, aucun Officier ne devant remplir les fonctions de fon grade, que quand il a les connoiſſances & l'inſtruction que ce grade requiert, le Commandant du régiment fera refponfable qu'aucun Officier fupérieur & Chef d'efcadron ne commande ni à la manœuvre, ni aux exercices & inſtructions de détail, s'il ne fait lui-même parfaitement commander ce qu'il exige des autres; & en conféquence, il les fufpendra de leurs fonctions, jufqu'à ce qu'ils fe foient mis en état de les exercer.

Aucun Officier, revenant de femeſtre ou de congé, ne pourra reprendre fes fonctions à la manœuvre, que quand le Colonel fera arrivé, & que celui-ci aura reconnu par lui-même, s'il eſt en état de les remplir, & qu'il aura jugé en même temps de l'inſtruction de l'hiver à laquelle les Officiers-femeſtriers n'auront pas eu part.

En l'abfence du Colonel, à l'époque où il devra rejoindre, le Commandant du régiment fuppléera à ce qui eſt prefcrit ci-deſſus.

TITRE VIII.

Du Raſſemblement du Régiment.

Lorsque toute la Cavalerie & les troupes d'une garniſon, d'un quartier, ou d'un camp, devront monter à cheval & prendre les armes, les Trompettes ſonneront le boute-ſelle, auquel ſignal, on ſellera, & le Cavalier tiendra ſon équipage prêt à charger.

S'il n'y a qu'une partie de la Cavalerie d'une garniſon, d'un quartier ou d'un camp qui doive monter à cheval, ou prendre les armes à pied, on ſonnera des appels, au lieu du boute-ſelle, à ce ſignal, on ſellera.

Lorſqu'on ſonnera le boute-charge, on bridera; ſi on doit partir d'un camp, on détendra les tentes & on chargera.

Quand on ſonnera à cheval, tous les eſcadrons ſe formeront en bataille, ſoit à la tête du camp, ſoit au quartier d'aſſemblée de chaque régiment; en cas d'alerte, ou de ſurpriſe, comme il s'agit de ſe mettre ſous les armes le plus tôt poſſible, on ſonnera à cheval, au lieu du boute-ſelle, & le Cavalier chargera, bridera & montera à cheval avec la plus grande célérité, pour ſe rendre au lieu d'aſſemblée qui aura dû toujours être déterminé à l'avance.

Lorſqu'un régiment devra monter à cheval & qu'on ſonnera l'aſſemblée, chacun des Officiers & bas Officiers feront ſortir les Cavaliers de leur ſection & peloton, ils les formeront en bataille, les rangs ouverts, à ſix pas de diſtance, ils les feront monter à cheval, en feront l'appel & l'inſpection.

Le Chef d'eſcadron, après avoir reçu les comptes des Capitaines de chaque diviſion, fera l'inſpection, & examinera s'il ne manque rien aux hommes & aux chevaux.

L'orſqu'un régiment devra monter à cheval avec ſes étendards, on déſignera une diviſion pour aller les chercher & fervir d'efcorte, on y réunira les Porte-étendards & la quantité de Trompettes que le Commandant du régiment jugera néceffaires.

Si le Commandant du Corps juge à propos d'envoyer chercher les étendards par les troupes de réferve de chaque efcadron, au lieu d'y envoyer une divifion, il en donnera l'ordre, & défignera celles qui devront fe réunir pour faire cette efcorte.

L'Officier commandant ces troupes, les difpofera alors, ainfi qu'il fera prefcrit ci-après.

Difpofitions de la troupe qui doit aller chercher les Étendards.

La premiere fection du premier peloton fournira l'avant-garde & l'arrière-garde.

La feconde fection du premier peloton reftera entière commandée par le Sous-lieutenant.

Le fecond peloton reftera de même entier, aux ordres du Lieutenant.

Le détachement marchera ainfi qu'il fuit :

Deux Cavaliers d'avant-garde, le moufqueton haut, un Brigadier & quatre Cavaliers ayant le fabre à la main.

Les Trompettes fur un rang.

Le Sous-lieutenant.

La feconde fection du premier peloton marchant par trois.

Le Maréchal-des-logis du premier peloton en ferre-file.

Les étendards fur un rang.

Le Lieutenant.

Le fecond peloton marchant par trois.

Le Maréchal-des-logis en ferre-file.

Un ancien Cavalier & deux autres derrière lui, formant l'arrière-garde, le fabre à la main.

Deux

Deux autres Cavaliers à dix pas en arrière de ceux-là, le mousqueton haut.

Le Capitaine sur le flanc de cette colonne, à hauteur des étendards.

Ce détachement marchera dans cet ordre, sans bruit de trompettes ; arrivé au lieu où seront les Étendards, il y sera formé en bataille.

Un des Maréchaux-des-logis mettra pied à terre, ira prendre les étendards pour les donner aux Porte-étendards.

Dès que les Étendards paroîtront, le Commandant du détachement fera mettre le sabre à la main, il se mettra en marche dans le même ordre qu'il sera venu, les Trompettes sonnant.

Lorsque les étendards arriveront à vingt-cinq pas du régiment, l'Officier qui le commande, lui fera mettre le sabre à la main ; l'escorte des étendards passera devant le front, chaque Porte-étendard prendra sa place, la division qui les aura escortés, ira de même prendre la sienne, ainsi que les Trompettes.

Si les étendards étoient trop éloignés du lieu d'assemblée du régiment, le Commandant feroit partir leur escorte, avant de le faire monter à cheval.

Dans les camps ou dans les garnisons, lorsque le Commandant du régiment logera dans le quartier, les Porte-étendards prendront, sans appareil, les étendards, & iront occuper leur place dans les escadrons.

On renverra les étendards dans le même ordre qui vient d'être prescrit pour les aller chercher, à l'exception du cas précédent.

TITRE IX.

Des Honneurs militaires rendus par les Troupes sous les armes.

Les honneurs militaires rendus par les troupes sous les armes, devant être assujettis à des règles d'exécution,

 Sa Majeſté a jugé convenable de réunir ci-après la dé-
termination de ces honneurs, à la fixation deſdites règles.

Honneurs au Saint-Sacrement.

Lorſque le Saint-Sacrement paſſera devant une troupe,
tous les Officiers, bas Officiers & Cavaliers baiſſeront
d'un ſeul temps la pointe du ſabre juſque vers le pied,
& chaque troupe reportera le ſabre, & ſucceſſivement,
en ſe réglant ſur ſon Commandant.

Les Porte-étendards ſalueront en même temps de
l'étendard.

Si les Cavaliers ſont à pied, ils préſenteront les armes,
on commandera enſuite, *genou à terre.*

> A ce commandement, ils mettront le genou droit à
> terre, à ſix pouces en arrière du talon gauche, appuyant
> la croſſe à terre vis-à-vis le genou droit, ſur l'alignement
> du talon, & ils s'inclineront.

> Tous les Officiers & bas Officiers mettront, en même
> temps que la troupe, genou à terre, poſeront la pointe
> du ſabre vis-à-vis le genou droit, & ils s'inclineront.

Soit à pied, ſoit à cheval, les Trompettes ſonneront
la marche.

Le Saint-Sacrement étant paſſé, chaque Commandant
de peloton commandera ſucceſſivement, *debout* à ſa
troupe, alors les Officiers & Cavaliers ſe relèveront &
ſe replaceront dans la poſition de préſenter les armes.

Honneurs à Sa Majeſté.

Le ſabre à la main, les Officiers ſalueront, ainſi que
les étendards, les Trompettes ſonneront la marche.

Honneurs aux Fils & Petits-Fils de France, aux Princes du Sang & Maréchaux de France.

Le ſabre à la main, les étendards ſalueront, ainſi que
les Officiers ſupérieurs ; mais il n'y aura que ces derniers,
les Trompettes ſonneront la marche.

Honneurs aux Lieutenans généraux commandant en chef un Corps d'armée.

Les mêmes honneurs que pour les Maréchaux de France.

Aux Lieutenans généraux commandant en Chef dans les Provinces.

Les Trompettes fonneront des appels, & les Officiers fupérieurs falueront, les étendards les falueront feulement 'la première & la dernière fois qu'ils verront les troupes.

Aux Lieutenans généraux, Chefs de divifion, ou Employés près des troupes.

Les Officiers fupérieurs falueront, & les Trompettes fonneront des appels, les étendards ne falueront pas.

Aux Maréchaux - de - camp commandant en chef un Corps d'armée.

Les mêmes honneurs qu'aux Lieutenans généraux employés.

Aux Maréchaux-de-camp employés.

Salut des Officiers fupérieurs, Trompettes prêts à fonner.

En défilant, les troupes à cheval fonneront toujours la marche.

Les faluts feront d'ailleurs conformes à ce qui eft établi ci-deffus.

Les Officiers généraux rendront le falut aux Officiers qui les falueront fous les armes, foit en bataille, foit en défilant.

Toute troupe en parade, ou devant rendre les honneurs, fera formée, les rangs ferrés, comme pour manœuvrer.

Lorfque la perfonne qu'on devra recevoir arrivera à vingt-cinq pas du régiment, on fera mettre le fabre à la main ; fi on doit faluer , le Commandant du régiment en donnera l'ordre, les Trompettes fonneront, les Officiers fupérieurs falueront du fabre, & les Porte-étendards de l'étendard , ainfi qu'il fuit.

Salut des Officiers fupérieurs & Porte-étendards.

· Les Officiers fupérieurs falueront du fabre en quatre temps , foit à pied , foit à cheval , de pied-ferme ou en marchant.

PREMIER TEMPS, à quatre pas de diftance de la perfonne qu'on devra faluer, élever le fabre perpendiculaire, la pointe en haut, le tranchant à gauche, la garde vis-à-vis & à un demi-pied de diftance de l'épaule droite, le coude un demi-pied plus bas que le poignet.

SECOND, baiffer vivement la lame, jufqu'à ce que la pointe fe trouve vers le pied.

TROISIÈME, relever vivement le fabre, la pointe en haut, comme au premier temps.

QUATRIÈME, porter le fabre à l'épaule.

Les Porte-étendards falueront de l'étendard en deux temps.

PREMIER, abaiffer doucement la lance jufqu'auprès de la terre, fans cependant que la cravate la touche.

SECOND, relever doucement la lance.

Manière de défiler pour les revues d'Honneur.

Le régiment défilera par pelotons , ainfi qu'il eft prefcrit dans la marche en colonne : un Adjudant fuivi de deux Maréchaux-des-logis en chef, marchera, à la tête du régiment, en avant des Trompettes, le Colonel ayant le Lieutenant-colonel à fa droite & le Major en fecond à fa gauche ; l'autre Adjudant en arrière de lui, marchera à la tête de la première fubdivifion de la colonne, deux pas en avant des Officiers.

Le

Le Major marchera à la tête de la première fubdivifion du troifième efcadron , deux pas en avant des
Officiers ; les Chefs d'efcadron marcheront à la tête de
la première fubdivifion de leur efcadron , ayant à
droite le Lieutenant, & fur alignement.

Deux Maréchaux-des-logis en chef marcheront à la
queue du régiment.

Si on défiloit, la gauche en tête, le Colonel mar-
cheroit en avant de la première fubdivifion du dernier
efcadron , ayant le Major à fa droite , le Major en fecond
à fa gauche, & un Adjudant à portée de lui ; le Lieutenant-
colonel fe placeroit alors à la tête de la première fubdivifion du fecond efcadron.

Deux Maréchaux-des-logis en chef marcheroient en
avant des Trompettes qui feroient réunis à la tête du
régiment, un Adjudant & deux Maréchaux-des-logis en
chef, derrière la dernière fubdivifion de la colonne.

Revues d'Infpection & de Commiffaire des guerres.

Aux revues d'infpection des Chefs de divifions & des
Infpecteurs divifionnaires, les Troupes leur rendront les
honneurs attribués ci-deffus aux différens grades.

A l'égard des revues des Commiffaires des guerres,
les Troupes fe conformeront à ce qui eft prefcrit dans
l'Ordonnance concernant lefdites revues.

FAIT à Verfailles le feize juin mil fept cent quatre-
vingt-huit.

Signé LOUIS. *Et plus bas,* LE C.ᵀᴱ DE BRIENNE.